Vente du Lundi 4 au Samedi 9 Février 1889

28, rue des Bons-Enfants, 28

CATALOGUE

DE

BONS LIVRES

ANCIENS ET MODERNES

COMPOSANT

LA BIBLIOTHÈQUE DE M. ALB. P****

SECONDE PARTIE

BALZAC. Eugénie Grandet, 1883, gr. in-8°. — BERLÈSE. Iconographie du genre Camellia, 3 vol. in-4°. — CH. BLANC. Histoire des Peintres, 14 vol. in-4°. — BRUNET. Manuel du Libraire, 6 vol. gr. in-8°. — Flore des Serres et des Jardins de l'Europe, 23 vol. gr. in-8°. — TH. GAUTIER. L'Eldorado ou Fortunio, 1880, gr. in-8°. — VICTOR HUGO. Les Orientales 1882, in-4°. — L'Illustration horticole, 33 vol. gr. in-8°. — Journal de l'expédition des Portes de Fer, 1844, gr. in-8. — PERRAULT. Contes du temps passé, 1843, gr. in 8°. — VIOLLET-LE-DUC. Dictionnaire du mobilier, 6 vol. gr. in 8°. — VIOLLET-LE-DUC. Dictionnaire de l'architecture, 10 vol. gr. in-8°. — Bibliothèque Elzévirienne, 125 vol. in-12. — Collection de Mémoires sur l'Histoire de France, 34 vol. gr. in-8°. — RECLUS. Nouvelle Géographie, 10 vol. gr. in-8, exemplaire sur papier de Chine. — Revue Britannique de 1825 à 1880, 340 vol. in-8°. — Mémoires du duc de Saint-Simon, 20 vol. in-8°. — Ouvrages sur la Provence et la Poésie Provençale.

PARIS

CH. PORQUET, LIBRAIRE

1, QUAI VOLTAIRE, 1

1889

PARIS

TYPOGRAPHIE GEORGES CHAMEROT

19, RUE DES SAINTS-PÈRES, 19

CATALOGUE

DE

BONS LIVRES

ANCIENS ET MODERNES

LA VENTE AURA LIEU

Le Lundi 4 Février et les cinq jours suivants

à huit heures précises du soir

28, RUE DES BONS-ENFANTS

SALLE N° 3

Par le ministère de Mᵉ MAURICE DELESTRE, commissaire-priseur,

27, Rue Drouot

Assisté de M. CH. PORQUET, libraire, 1, quai Voltaire.

CONDITIONS DE LA VENTE

La vente se fait au comptant.

Les acquéreurs paieront 5 p. 100 en sus des enchères applicables aux frais.

Les Livres devront être collationnés dans les vingt-quatre heures. Passé ce délai ou une fois sortis de la salle de vente, ils ne seront repris pour aucune cause.

M. CH. PORQUET remplira les commissions des personnes qui ne pourraient assister à la vente.

Exposition chaque jour de vente de 2 heures à 4 heures.

CATALOGUE

DE

BONS LIVRES

ANCIENS ET MODERNES

COMPOSANT

LA BIBLIOTHÈQUE DE M. ALB. P****

SECONDE PARTIE

BALZAC. Eugénie Grandet, 1883, gr. in-8°. — BERLÈSE. Iconographie du genre Camellia, 3 vol. in-4°. — CH. BLANC. Histoire des Peintres, 14 vol. in-4°. — BRUNET. Manuel du Libraire, 6 vol. gr. in-8°. — Flore des Serres et des Jardins de l'Europe, 23 vol. gr. in-8°. — TH. GAUTIER. L'Eldorado ou Fortunio, 1880, gr. in-8°. — VICTOR HUGO. Les Orientales 1882, in-4°. — L'Illustration horticole, 33 vol. gr. in-8°. — Journal de l'expédition des Portes de Fer, 1844, gr. in-8. — PERRAULT. Contes du temps passé, 1843, gr. in-8°. — VIOLLET-LE-DUC. Dictionnaire du mobilier, 6 vol. gr. in-8°. — VIOLLET-LE-DUC. Dictionnaire de l'architecture, 10 vol. gr. in-8°. — Bibliothèque Elzévirienne, 125 vol. in-12. — Collection de Mémoires sur l'Histoire de France, 34 vol. gr. in-8°. — RECLUS. Nouvelle Géographie, 10 vol. gr. in-8, exemplaire sur papier de Chine. — Revue Britannique de 1825 à 1880, 340 vol. in-8°. — Mémoires du duc de Saint-Simon, 20 vol. in-8°. — Ouvrages sur la Provence et la Poésie Provençale.

PARIS

CH. PORQUET, LIBRAIRE

1, QUAI VOLTAIRE, 1

1889

ORDRE DES VACATIONS

PREMIÈRE VACATION

	Numéros.
Lundi 4 Février	98 à 167
—	1 à 97

DEUXIÈME VACATION

Mardi 5 Février	296 à 336
—	168 à 295

TROISIÈME VACATION

Mercredi 6 Février	393 à 505
—	337 à 392

QUATRIÈME VACATION

Jeudi 7 Février	506 à 676

CINQUIÈME VACATION

Vendredi 8 Février	796 à 843
—	677 à 795

SIXIÈME VACATION

Samedi 9 Février	954 à 1013
—	844 à 953

CATALOGUE

DE

BONS LIVRES

ANCIENS ET MODERNES

1. **Abrantès** (Duchesse d'). Mémoires ou Souvenirs historiques sur Napoléon, la Révolution, le Directoire, le Consulat, l'Empire et la Restauration. *Paris, Mame*, 1835, 12 vol. in-8, demi-rel. mar. ch. rouge, tête dor., non rognés.

2. **Abrantès** (Duchesse d'). Histoire des Salons de Paris. Tableaux et Portraits du grand monde sous Louis XVI, le Directoire, le Consulat et l'Empire. *Paris, Ladvocat*, 1837, 6 vol. in-8, demi-rel. mar. ch. rouge, tête dor., non rognés.

3. **Abrégé** de l'histoire universelle en figures ou Recueil d'Estampes représentans les sujets les plus frappans de l'histoire tant sacrée que profane, dessinées par Marillier et gravées par Duflos le jeune. *Paris, Duflos le Jeune*, 1785, 2 vol in-4, v. marb., tr. dor.

   180 planches gravées.

4. **Adeline** (Jules). Les Sculptures grotesques et symboliques (Rouen et environs). Cent vignettes et texte. Préface par Champfleury. *Rouen, E. Augé, s. d.*, in-12, demi-rel. mar. rouge, tête dor., non rogné.

5. **Adonis**. Poème. (Imité du chant huitième de l'Adone du cavalier Marin, par Fréron et Colbert d'Estouteville). *Paris, Musier*, 1775, in-8, titre gravé et figure demi-rel. mar. vert. dos et coins, tr. dor.

6. **Aicard** (Jean). Les Jeunes Croyances. *Paris, Lemerre*, 1867, in-12, demi-rel. mar. vert, dos orné, tête dor., non rogné.

   Édition originale.

7. **Aicard** (Jean). Les Rébellions et les Apaisements. Poésies. *Paris, Lemerre*, 1871, in-12, demi-rel. mar. bleu, dos orné, tête dor., non rogné.

   Édition originale.

8. **Aicard** (Jean). Miette et Noré. *Paris, Société des Amis des Arts*, 1880, gr. in-8, demi-rel. mar. vert, dos et coins, tête dor., non rogné.

9. **Alésia.** Étude sur la septième campagne de César en Gaule (par le duc d'Aumale). *Paris, Michel Lévy*, 1859, in-8, carte, demi-rel. mar. bleu, tr. jasp.

10. **Almanach** des Gourmands ou Calendrier nutritif, servant de guide dans les moyens de faire excellente chère, par un vieux amateur (Grimod de la Reynière). *Paris, Maradan*, 1803-1812, 9 vol. in-18, v. fauv., tr. jasp.

11. **Amour** (De l') de Henri IV pour les lettres (par l'abbé G. Brizard). *Paris, Cazin*, 1786, in-18, v. éc., fil., tr. dor.

12. **Amours** (Les) d'Ismène et d'Isménias, suivis de ceux d'Abrocome et d'Anthia (par G. de Beauchamps). *Genève* (*Cazin*), 1782, in-18, front. de Marillier, v. fauv., fil., tr. dor.

13. **Ampère** (J.-J.). Promenade en Amérique. États-Unis, Cuba, Mexique. *Paris, Michel Lévy*, 1860, 2 vol. in-8, demi-rel. v. fauv., dos et coins, tête dor., non rognés.

14. **Anacreontis.** Odaria ad textus Barnesiani fidem emendata. *Londini, G. Bulmer*, 1802, in-12, mar. bleu, fil., tr. dor.

15. **Anacréon.** Odes traduites en vers sur le texte de Brunck, par J.-B. de Saint-Victor. *Paris, Nicolle*, 1813, in-12, v. marb., tr. dor.

16. **Anacréon.** Odes traduites en vers français, par Descombes. *Paris, Compère*, 1827, in-18, bas. marb.

17. **Anacréon** français-grec, suivi de pièces anacréontiques de Bion, Théocrite, etc., en vers imitatifs, par P.-P. Rable. *Paris, J. Claye*, 1855, in-8, demi-rel. mar. rouge, dos et coins, tête dor., non rogné.

18. **Anacréon et Sapho.** Poésies. Traduction en vers, par M. de La Roche-Aymon, illustrations de P. Avril. *Paris, Quantin*, 1882, in-18, br.

19. **Ancien Paris.** 100 eaux-fortes gravées par Martial, publiées en 1862 et 1863. *Paris, Cadart*, in-fol. cart., non rogné.

20. **Ane promeneur** (L'), ou Critès promené par son âne. Chef-d'œuvre pour servir d'apologie au goût, aux mœurs, à l'esprit et aux découvertes du siècle (par A.-J. Gorsas). *Pampelune* (*Paris*), *chez Démocrite*, 1786, in-8, fig., demi-rel. v. fauv., non rogné.

21. **Anecdotes** sur Mme la comtesse du Barri (par Pidansat de Mairobert). *Londres*, 1776, in-12, demi-rel. mar. bleu, tête dor., non rogné.

Mouillures.

22. **Anglais** (Les) peints par eux-mêmes, par les sommités littéraires de l'Angleterre. Dessins de Kenny Meadous. Traduction de Émile de Labédollière. Tome Ier. *Paris, Curmer*, 1840, gr. in-8, demi-rel. mar. ch. rouge, tr. jasp.

23. **Anthologie** arabe, ou Choix de poésies arabes inédites, traduites pour la première fois en français, et accompagnées d'observations critiques et littéraires, par Grangeret de Lagrange. *Paris, De Bure*, 1828, in-8, demi-rel. v. fauv., tr. jasp.

24. **Anthologie** des poètes français depuis le XVe siècle jusqu'à nos jours. *Paris, Lemerre, s. d.*, in-12, mar. rouge, milieu doré, dent. intér., tr. dor.

25. **Anthologie** des prosateurs français, depuis le XIIe siècle jusqu'à nos jours, précédée d'une introduction historique sur la langue française. *Paris, Lemerre, s. d.*, pet. in-12, demi-rel. mar. ch. rouge, tête dor., non rogné. (*Hardy*.)

26. **Apulée**. L'Ane d'or ou la Métamorphose. Traduction de Savalète. Préface de J. Andrieux; avec nombreuses gravures dessinées par A. Racinet et P. Bénard. *Paris, Firmin-Didot*, 1872, gr. in-8, mar. viol. fil., dos orné, dent. int., tr. dor. (*David*.)

27. **Arena** (Ant.). Meygra entrepriza catoliqui imperatoris quando de anno Domini mille CCCCCXXXVI veniebat per Prouensã, etc. Nouvelle édition précédée d'une notice bibliographique par N. Bonafous. *Aix, Makaire*, 1860, in-12, demi-rel. mar. ch. vert, non rogné.

28. **Ariosto** (Lodovico). Orlando furioso. *In Parigi, della Racolta di Cazin*, 1786, 5 vol. in-18, portrait, v. éc., fil., tr. dor.

29. **Arioste**. Roland furieux. Traduction nouvelle et en prose par M. V. Philipon de la Madelaine. Edition illustrée de 300 vignettes et de 25 planches, tirées à part sur papier de Chine, par MM. Tony Johannot Baron, Français et C. Nanteuil. *Paris, J. Mallet*, 1844, gr. in-8, demi-rel. mar. rouge, dos et coins, tête dor., non rogné. (*Amand*.)

30. **Arlequin** comédien aux Champs-Élisées. Nouvelle historique, allégorique et comique (par Laurent Bordelon). *Amsterdam, Adr. Braekman*, 1691, front. gr. et fig., mar. rouge jans., non rogné.

31. **Arlotto**, de Florence. Les Contes et Facéties, avec introduction et notes, par P. Ristelhuber. *Paris, A. Lemerre*, 1873, pet. in-12, demi-rel. mar. rouge, dos et coins, tête dor., non rogné.

32. **Art ancien** (L') à l'Exposition nationale belge. Publié sous la direction de M. Camille de Roddaz. *Bruxelles, Rozez*, 1882, in-4, fig. noires et en chromolithographie, demi-rel. mar. ch. rouge, dos et coins, tête dor., non rogné.

33. **Asselineau** (Charles). La double vie. Nouvelles. *Paris, Malassis et de Broise*, 1858, in-12, front., demi-rel. mar. vert, non rogné.

34. **Asselineau** (Charles). L'Enfer du bibliophile, vu et décrit. *Paris, J. Tardieu*, 1860, pet. in-12, demi-rel. mar. rouge, dos et coins, tête dor., non rogné.

35. **Asselineau** (Charles). Mélanges tirés d'une petite bibliothèque romantique. Bibliographie anecdotique et pittoresque des éditions originales des œuvres de Victor Hugo, Alexandre Dumas, Théophile Gautier, Pétrus Borel, Alfred de Vigny, Mérimée, etc. Illustrés d'un frontispice à l'eau-forte de Célestin Nanteuil. *Paris, Pincebourde*, 1866, in-8, demi-rel. mar. rouge, tête dor., non rogné.

36. **Asselineau** (Charles). Les sept péchés capitaux de la littérature et le paradis des gens de lettres. *Paris, Lemerre*, 1872, pet. in-12, portr., demi-rel. mar. rouge, dos et coins, tête dor., non rogné.

37. **Aubert** (l'Abbé). Fables et œuvres diverses. *Paris, Moutard*, 1774, 2 vol. in-8, front. gravés, v. fauv. dent., tr. dor. (*Thouvenin*.)

38. **Aubignac** (l'Abbé). La pratique du théâtre. *Amsterdam J.-F. Bernard*, 1715, 2 vol. in-12, front. gr., v. brun.

39. **Aucassin** et **Nicollette**. Chantefable du douzième siècle, traduite par A. Bida. Révision du texte original et préface par Gaston. Paris. *Paris, Hachette*, 1878, pet. in-4, fig. de Bida, demi-rel. mar. bleu, dos et coins, tête dor., non rogné. (*David*.)

L'un des 100 exemplaires tirés sur papier Whatman, avec les figures avant la lettre.

40. **Audsley** et **J. Bowes**. La Céramique japonaise, édition française publiée sous la direction de A. Racinet. *Paris, Didot*, 1877-1880, 2 vol. in-fol., pl. noires et coloriées en feuilles.

41. **Augier** (Émile). Théâtre. *Paris, Michel Lévy*, 1856-1857, 6 vol. in-32, demi-rel. mar. bleu, tr. éb.

42. **Aumale** (Duc d'). Histoire des princes de Condé, pendant les XVIe et XVIIe siècles. *Paris, Michel Lévy*, 1863-1864, 2 vol. in-8, portraits, demi-rel. v. fauv., dos et coins, non rognés.

43. **Autran** (Joseph). La Mer. Poésies. *Paris, Dentu*, 1835, in-8, demi-rel. mar. bleu, non rogné.

Édition originale.

44. **Autran** (Joseph). Les Poëmes de la mer. 4e édition. *Paris, Michel Lévy*, 1859, in-12, demi-rel. mar. bleu, tr. jasp.

45. **Autran** (Joseph). Ludibria ventis. Poésies nouvelles. *Paris, Rossignol et Cie*, 1838, in-8, demi-rel. mar. bleu, non rogné.

Édition originale.

46. **Autran** (Joseph). L'An 40. Ballades et Poésies musicales, suivies de Marseille, par Méry, avec vignettes par M. Gariot. *Marseille, Lejourdan*, 1840, in-8, demi-rel. mar. violet, tr. dor.

47. **Autran** (Joseph). Italie et Semaine sainte à Rome. *Marseille, J. Barile*, 1841, in-8, demi-rel. mar. vert, dos et coins, tête dor., non rogné.

Édition originale.

48. **Autran** (J.). La Fille d'Eschyle. Étude antique en cinq actes et en vers. *Paris, Michel Lévy*, 1848, in-12, demi-rel. mar. ch. bleu, tr. jasp.

49. **Autran** (Joseph). Laboureurs et Soldats. *Paris, Michel Lévy*. 1854, in-12, demi-rel. mar. bleu, tr. jasp.

Édition originale.

50. **Autran** (Joseph). La Vie rurale. Tableaux et Récits. *Paris, Michel Lévy*, 1856, in-12, demi-rel. mar. bleu, tr. jasp.

Édition originale.

51. **Autran** (Joseph). Épîtres rustiques. *Paris, Michel Lévy*, 1861, in-12, demi-rel. mar. bleu, tr. jasp.

Édition originale.

52. **Autran** (Joseph). Paroles de Salomon. *Paris, Michel Lévy*, 1869, gr. in-8, demi-rel. mar. bleu, non rogné.

Édition originale.

53. **Autran** (Joseph). La Légende des Paladins. *Paris, Michel Lévy*, 1875, in-12, demi-rel. mar. bleu, tête dor., non rogné.

Édition originale.

54. **Aux jeunes Gens**, aux jeunes Hommes, un Père et un Roi. Les Proverbes de Salomon, fils de David et roi d'Israël, 1000 ans avant Jésus-Christ. *S. l. n. d.* (*Neuchâtel, J. Attinger*), in-12, broché.

55. **Aventures** de l'abbé de Choisy, habillé en femme. Nouvelle édition complète avec un avant-propos. *Paris, chez tous les libraires*, 1870, in-12, demi-rel. mar. rouge, dos et coins, tête dor., non rogné.

56. **Aventures** du baron de Munchhausen, traduction nouvelle par Théophile Gautier fils, illustrées par Gustave Doré. *Paris, Furne et Jouvet, s. d.*, in-4, demi-rel. mar. ch. rouge, tr. jasp.

57. **Aventures** (Les) du chevalier Jaufre et de la belle Brunissende, traduites par Mary Lafon, illustrées de 20 belles gravures dessinées par G. Doré. *Paris, Librairie Nouvelle*, 1856, gr. in-8, demi-rel. mar. violet, dos orné, tr. dor.

58. **Aventures** et Espiègleries de Lazarille de Tormes, écrites par lui-même (par Hurtado de Mendoza). Nouvelle édition ornée de 40 figures, dessinées et gravées par Ransonnette. *Paris, Didot le jeune*, an IX (1801), 2 tomes en 1 vol. in-8, veau rose, dent. à froid. (*Thouvenin*.)

Exemplaire avec les figures avant la lettre.

59. **Aventures** de Lazarille de Tormes. Nouvelle édition revue par Adrien Robert. *Paris, Charlieu*, 1865, gr. in-8, fig., cart., non rogné.

60. **Aventures** (Les) plaisantes de Gusman d'Alfarache, tirées de l'histoire de sa vie et revues sur l'ancienne traduction de l'original espagnol (de Mattéo Aleman). *Londres* (*Cazin*), 1783, 2 vol. in-18, front. gravés, mar. rouge, fil., tr. dor. (*Rel. anc.*)

61. **Babioles** littéraires et critiques (par G.-L. de Baar). *Hambourg, J.-C. Bohn*, 1761-1763, 3 tomes en 1 vol. in-8, cart., non rogné.

62. **Balzac** (de). Lettres de feu M. de Balzac à M. Conrart. *Paris, Aug. Courbé*, 1659, pet. in-12, bas.

63. **Balzac** (de). Lettres familières à M. Chapelain. *Amsterdam, chez Louis et Daniel Elzevier*, 1661, pet. in-12, v. gr.

64. **Balzac** (de). Lettres choisies. *A Amsterdam, chez les Elseviers*, 1656, pet. in-12, titre gravé. — Les Œuvres diverses du sieur de Balzac, augmentées en cette édition de plusieurs pièces nouvelles. *A Amsterdam, chez Daniel Elzevier*, 1664, pet. in-12, titre gravé. Ensemble 2 tomes en 1 vol. pet. in-12, bas.

65. **Balzac** (H. de). Œuvres complètes. *Paris, Vve Alexandre Houssiaux*, 1866, 20 vol. in-8, fig., demi-rel. v. fauv., tr. jasp.

66. **Balzac** (H. de). Physiologie du mariage, ou Méditations de philosophie éclectique sur le bonheur et le malheur conjugal, publiées par un jeune célibataire. *Paris, Levavasseur et U. Canel*, 1830, 2 vol. in-8, demi-rel. v. viol., tr. marb.

Édition originale. — Cachets sur les titres.

67. **Balzac** illustré. La Peau de chagrin. Études sociales. *Paris, H. Delloye et V. Lecou*, 1838, gr. in-8, vignettes d'après les dessins de Gavarni, Baron, Janet Lange, etc., demi-rel. v. fauv., tête dor., non rogné.

Exemplaire de premier tirage.

68. **Balzac** (H. de). Paris marié. Philosophie de la vie conjugale, commentée par Gavarni. *Paris, Hetzel*, 1846, in-8, demi-rel., mar. brun, tête dor., non rogné.

69. **Balzac** (de). Les contes drolatiques colligez ez abbayes de Touraine et mis en lumière pour l'esbattement des Pantagruélistes et non aultres. Cinquiesme édition illustrée de 425 dessins par Gustave Doré. *Se trouve à Paris, ez bureaux de la Société générale de Librairie*, 1855, in-8, demi-rel. mar. rouge, dos et coins, tête dor., non rogné. (*Cazin.*)

70. **BALZAC** (H. de). **EUGÉNIE GRANDET**. Ouvrage orné de 8 sujets dess. par Dagnan-Bouveret et gravés à l'eau-forte par

Le Rat. *Paris, Imprimé pour les Amis des Livres par Motteroz*, 1883, gr. in-8, br.

Bel exemplaire avec la couverture de cette édition, tirée à 120 exemplaires, contenant les figures, épreuves en double état, eau-forte sur papier blanc, et avant la lettre sur papier de Chine.

71. **Banville** (Théodore de). Les Poésies, 1841-1854. *Paris, Poulet-Malassis*, 1857, in-12, demi-rel. mar. rouge, tête dor., non rogné.

72. **Banville** (Théodore de). Les Pauvres saltimbanques. *Paris, Michel Lévy*, 1853, in-16, cart., non rogné.

73. **Banville** (Théodore de). Odes funambulesques, avec un frontispice gravé à l'eau-forte par Bracquemond, d'après Ch. Voillemot. *Alençon, Poulet-Malassis*, 1857, in-12, mar. ch. rouge. non rogné.

Édition originale.

74. **Banville** (Théodore de). Les Cariatides. *Paris, J. Tardieu*, 1864, in-12, portr., demi-rel., mar. rouge, tête dor., non rogné.

75. **Banville** (Théodore de). Nouvelles odes funambulesques. *Paris, A. Lemerre*, 1869, front. gr., in-12, pap. de Hollande, demi-rel. mar. rouge, tête dor., non rogné.

76. **Banville** (Théodore de). Idylles prussiennes. *Paris, Lemerre*, 1871, in-12, demi-rel. mar. rouge, tête dor., non rogné.

Édition originale.

77. **Barbey d'Aurevilly** (Jules). Les Prophètes du passé. *Paris, L. Hervé*, 1851, pet. in-8, demi-rel. mar. bleu, dos et coins, tête dor., non rogné. (*Raparlier.*)

78. **Barbey d'Aurevilly** (J.-A.). Du Dandysme et de G. Brummel. *Paris, Poulet-Malassis*, 1861, in-16, cart., non rogné.

79. **Barbey d'Aurevilly** (Jules). Un Prêtre marié. *Paris, Faure*, 1865, 2 vol. in-12, demi-rel. mar. bleu, dos et coins, tête dor., non rogné. (*Brany.*)

Exemplaire tiré sur papier de Hollande.

80. **Barbey d'Aurevilly** (J.-A.). Les Diaboliques. *Paris, Dentu*, 1874, in-12, demi-rel. mar. ch. rouge, tête dor., non rogné.

Édition originale.

81. **Barbier** (Ant.-Alex.). Dictionnaire des ouvrages anonymes, 3e édition, revue et augmentée par MM. Olivier Barbier, René et Paul Billard. *Paris, Daffis*, 1872-1879, 4 tomes en 8 parties, gr. in-8, brochés.

82. **Baron**. Théâtre augmenté de deux pièces et de diverses poésies du même auteur. *Paris, Libraires associés*, 1759, 3 vol. in-18, v. marb.

83. **Barthélemy** et **Méry**. Œuvres, précédées d'une Notice par L. Reybaud. *Paris, Denain*, 1831, 4 vol. in-12, portr., demi-rel. mar. rouge, non rogné.

84. **Barthélemy**. Némésis, satire hebdomadaire. *Paris, Perrotin*, 1834, 2 vol. in-18, demi-rel. mar. vert, dos et coins, tête dor., non rognés.

85. **Barthélemy** et **Méry**. Napoléon en Égypte, Waterloo et le fils de l'homme, édition illustrée par H. Vernet et H. Bellangé. *Paris, E. Bourdin, s. d.* (1842), gr. in-8, demi-rel. mar. violet, tr. jasp.

Première édition.

86. **Barthélemy** (Édouard de). Madame la comtesse de Maure. Sa vie et sa correspondance, suivies des Maximes de Madame de Sablé et d'une Étude sur la vie de Mademoiselle de Vandy. *Paris, J. Gay*, 1863, in-12, demi-rel. mar. bleu, dos et coins, tête dor., non rogné. (*Raparlier*.)

L'un des 20 exemplaires tirés sur papier de Chine.

87. **Beaudelaire** (Ch.). Œuvres complètes. *Paris, Michel Lévy*, 1868-1872, 4 vol. in-12, portr., demi-rel. mar. violet, tête dor., non rognés.

Les Fleurs du mal. — Curiosités esthétiques. — L'Art romantique. — Les Paradis artificiels.

88. **Beaudelaire** (Ch.). Souvenirs, Correspondances, Bibliographie, suivie de pièces inédites. *Paris, Pincebourde*, 1872, in-8, demi-rel. mar. rouge, tête dor., non rogné.

89. **Beaumarchais**. Théâtre complet, réimpression des éditions princeps, avec les variantes des manuscrits originaux, par G. d'Heylli et F. de Marescot. *Paris, Jouaust*, 1869, 4 vol. in-8, portr., demi-rel. mar. rouge, dos et coins, tête dor., non rognés.

90. **Beaumarchais**. Théâtre accompagné d'une Notice par F. de Marescot, illustrations de M. Adrien Marie. *Paris, Librairie illustrée*, gr. in-8, fig., cart., non rogné.

91. **Beauvoir** (Roger de). Les Meilleurs fruits de mon panier. Poésies. *Paris, Michel Lévy*, 1862, in-12, demi-rel. mar. bleu, tête dor., non rogné.

92. **Beauvoir** (comte de). Voyage autour du monde : Australie, Java, Siam, Canton, Pékin, Yeddo, San Francisco. *Paris, Plon*, 1875, in-4, fig., demi-rel. mar. bleu, tête dor., non rogné. (*David*.)

93. **Belloy** (Marquis de). Le chevalier d'Aï, ses aventures et ses poésies. *Paris, V. Lecou*, 1854, in-12, demi-rel. mar. ch. violet, tr. jasp.

94. **Béranger**. Œuvres complètes illustrées par Grandville. *Paris, H. Fournier*, 1840, in-8, demi-rel. mar. vert, dos et coins, tr. dor.

Exemplaire auquel on a ajouté 33 figures de la suite coloriée, dess. par H. Monnier.

95. **Béranger.** Chansons contenant cinquante-trois gravures sur acier, par Charlet, Lemud, etc. *Paris, Perrotin*, 1862, 2 vol. in-8. — Musique des Chansons de Béranger. *Paris, Perrotin*, 1865, in-8. — Dernières Chansons de Béranger de 1834 à 1851. *Paris, Perrotin*, 1860, in-8. — Ma Biographie avec un appendice et des notes. *Paris, Perrotin*, 1860, in-8. Ensemble 5 vol. in-8, demi-rel. mar. brun, tr. dor.

On a ajouté au volume de la musique des chansons, 78 figures dess. par J.-J. Grandville.

96. **Bérenger.** Poésies. *Londres (Cazin)*, 1785, 2 vol. in-18, front. gr., v. éc., fil., tr. dor.

97. **BERLÈSE** (L'Abbé). Iconographie du genre camellia ou description et figures des camellia les plus beaux et les plus rares, peints d'après nature par J.-J. Jung. *Paris Cousin*, 1841, 3 vol. in-4, demi-rel. mar. ch. rouge.

300 planches coloriées.

98. **Bernard.** Œuvres complètes. *Londres (Cazin)*, s. d. (1777), in-18, front. gravé, v. éc., fil., tr. dor.

99. **Bernis** (Cardinal de). Œuvres complètes. *Londres (Cazin)*, 1779. 2 tomes en 1 vol. in-18, portr. gravé, v. éc., fil., tr. dor.

100. **Béroalde de Verville.** Le Moyen de parvenir. Œuvre contenant la raison de ce qui a esté, est et sera. Nouvelle édition, collationnée sur les textes anciens, avec Notes, Variantes, Index, Glossaire et Notice bibliographique, par un bibliophile campagnard. *Paris, Léon Willem*, 1870-1872, 2 vol. pet. in-8, mar. La Vallière, ornements sur les plats, dent. int., tr. dor. (*Smeers*.)

101. **Beulé.** Phidias. Drame antique. *Paris, Hachette*, 1863, in-12, demi-rel. mar. ch. bleu, tête dor., non rogné.

102. **Bible** (Sainte), contenant l'Ancien et le Nouveau Testament, traduite en françois sur la Vulgate par Le Maistre de Saci, nouvelle édition ornée de 300 figures gravées d'après les dessins de Marillier. *Paris, Defer de Maisonneuve*, 1789-1804, 12 vol. in-8°, fig., v. marb., tr. jasp.

103. **Bible**, traduction de la Vulgate, par Le Maistre de Sacy. *Paris*, 1837, 3 vol. gr. in-8°, fig., demi-rel. v. vert, tr. jasp.

104. **Bibliographie** des ouvrages relatifs à l'Amour, aux Femmes, au Mariage, et des livres facétieux, pantagruéliques, scatologiques, satyriques, etc., par le C. d'I*** (Jules Gay). 3e édition. *Turin, Gay et fils*, 1871-1873, 6 vol. pet. in-12, demi-rel. mar. rouge, dos et coins, tête dor., non rognés.

105. **Bibliothèque** du Théâtre françois, depuis son origine : *Dresde, Michel Groell*, 1768, 3 vol. pet. in-8, front. gravé, v. éc., tr. marb.

106. **Bibliothèque** des Mémoires relatifs à l'Histoire de France pendant le XVIIIe siècle, avec avant-propos et notices par F. Barrière. *Paris, Didot*, 1853-1866, 28 vol. in-12. demi-rel. mar ch. rouge, dos et coins, tête dor., non rognés.

107. **Bibliothèque** elzevirienne, *Paris, Jannet*, 1853 et années suivantes, 125 vol. in-12, cart., non rognés.

Contient : Anciennes poésies françoises, 13 vol. — Ancien théâtre françois, 10 vol. — Brantôme. 1 vol. — Caquets de l'accouchée. 1 vol. — Voy. de Chapelle et Bachaumont, 1 vol. — Chroniques de Jean Chartier, 3 vol. — Coquillart, 2 vol. — Courrier de la Fronde, 2 vol. — B. Des Periers, 2 vol. — Dictionnaire des Précieuses, 2 vol. — Don Juan de Vargas, 1 vol. — Floire et Blanchefor. 1 vol. — Gaultier Garguille. 1 vol. — Gérard de Rossillon. 1 vol. — Gringore, 2 vol. — Gui de Bourgogne. 1 vol. — Histoire amoureuse des Gaules, 4 vol. — Hitopadesa. 1 vol. — Internelle consolation. 1 vol. — J. d'Arras. Melusine, 1 vol. — Jean de Paris. 1 vol. — Jehannot de Lescurel. 1 vol. — La Fontaine. 5 vol. — Melin de Saint-Gelais. 3 vol. — La Rochefoucauld. 1 vol. — La Bruyère. 2 vol. Temple des oracles. 1 vol. — Mém. d'Argenson. 5 vol. — Mém. de la reine Marguerite, 1 vol. — Mémoires de Mme de Courcelles. 1 vol. — Mém. de Mme de la Guette. 1 vol. — Mém. de Saint-Aubin, 1 vol. — Mém. de Tavannes. 1 vol. — Noël du Fail. 2 vol. — Nouvelles françaises. 2 vol. — Les quinze joies du mariage. 1 vol. — Rabelais. 2 vol. — Racan. 1 vol. — Remy Belleau, 3 vol. — Roger. de Collerye. 1 vol. — Ronsard. 9 vol. — Rutebeuf, 3 vol. — Saint-Amand. 2 vol. — Scarron. Roman comique. 2 vol. — Senécé. Œuvres, 2 vol. — Tabarin. 2 vol. Théophile. 2 vol. — Variétés historiques et littéraires, 10 vol. — Villon. 1 vol.

108. **Bibliothèque** facétieuse, historique et singulière, ou réimpression de pièces curieuses, rares ou peu connues des XVe, XVIe et XVIIe siècles : Regrets funèbres sur la mort du joyeux Rondibilis. — Sur l'enlèvement des reliques de saint Fiacre, apportées de la ville de Meaux pour la guérison du Q de M. le cardinal de Richelieu, etc., etc. *Paris, Claudin*, 1858, petit in-12, demi-rel. mar. vert, tr. marbr.

L'un des dix exemplaires tirés sur papier de Chine.

109. **Bie** (Jacq. de). Imperatorum romanorum a Julio Caesare ad Heraclium usque numismata aurea; cum historico commentario, ab J. Hemelarius. *Antverpiae apud P. et J. Belleros*, 1627, in-4, pl., vél. blanc.

110. **Binet** (R.-P. Estienne). La vie et les éminentes vertus de saint Elzéar de Sabran, gentilhomme provençal. *A Marseille, chez Claude Garcin*, 1659, in-4. — La Vie de sainte Dauphine, vierge, espouse de saint Elzéar, gentilhomme provençal. Sa naissance et du bonheur de son éducation. *A Tholon, chez Benoist Collomb*, 1656, in-4. Ensemble 2 parties en 1 vol. in-4, portraits par Moncornet. bas.

111. **Biographie** universelle (nouvelle) depuis les temps les plus reculés jusqu'à nos jours, publiée sous la direction de M. le Dr Hoefer. *Paris, Firmin-Didot*, 1852-1866, 46 vol. gr. in-8, demi-rel. mar. ch. vert.

112. **Blanc** (Charles). Histoire des Peintres de toutes les écoles,

depuis la Renaissance jusqu'à nos jours. *Paris, Vve Renouard*, 1861-1876, 14 vol. in-4, demi-rel. mar. ch. brun, tr. jasp.

École allemande, 1 vol. — École anglaise, 1 vol. — École espagnole, 1 vol. — École flamande, 1 vol. — École française, 3 vol. — École hollandaise, 2 vol. — École bolonaise, 1 vol. — École florentine, 1 vol. — École milanaise, 1 vol. — École ombrienne et romaine, 1 vol. — École vénitienne, 1 vol.

113. **Blanc** (Charles). Grammaire des Arts du dessin : Architecture, Sculpture, Peinture, etc. *Paris, Vve Renouard*, 1870, gr. in-8, fig., demi-rel. v. fauv., dos et coins, tête dor., non rogné.

114. **Blanc** (Charles). L'Œuvre de Rembrandt décrit et commenté, catalogue raisonné de toutes les estampes du maître. *Paris, Lévy*, 1873, 2 vol. pet. in-fol., fig., mar. vert, dos et coins, tête dor., non rognés.

115. **Blanchecotte** (Mme). Rêves et Réalités. *Paris, Didier*, 1871, in-12, demi-rel. mar. brun, non rogné.

116. **Blanchemain** (Prosper). Poëmes et Poésies. *Paris, P. Masgana*, 1853, in-12, demi-rel. mar. ch. bleu, dos et coins, tête dor., non rogné.

117. **Blanchemain** (Prosper), Idéal. *Paris, A. Aubry*, 1858, in-12, pap. de Hollande, demi-rel. mar. ch. bleu, dos et coins, tête dor., non rogné.

Envoi autographe de l'auteur à M. Yemeniz.

118. **Blaze** (Henri). Poésies complètes. *Paris, Charpentier*, 1842, in-12, demi-rel. mar. vert, tr. jasp.

119. **Blin de Sainmore**. Héroïdes ou Lettres en vers. Nouvelle édition, revue, corrigée, augmentée et ornée de gravures. *Paris, Sébastien Jorry*, 1767, in-8, v. éc., fil., tr. dor.

120. **Boccace** (Jean). Les Dix Journées. Traduction de Le Maçon, réimprimé par les soins de D. Jouaust avec notice, notes et glossaire, par Paul Lacroix. Onze eaux-fortes par Flameng. *Paris, Librairie des Bibliophiles*, 1873, 4 vol. in-12, demi-rel. mar. rouge, dos et coins, tête dor., non rognés.

121. **Boettiger** (C.-A.). Sabine, ou Matinée d'une dame romaine à sa toilette, à la fin du premier siècle de l'ère chrétienne, pour servir à l'histoire de la vie privée des Romains et à l'intelligence des auteurs anciens. Traduit de l'allemand. *Paris, Maradan*, 1813, in-8, fig., demi-rel. mar. rouge, tête dor., non rogné.

122. **Boigne** (Ch. de). Petits mémoires de l'Opéra, *Paris, Librairie Nouvellle*, 1857, in-12, demi-rel. mar. vert, dos orné, tête dor., non rogné.

123. **Boileau-Despréaux.** Œuvres complètes, précédées d'une Notice sur sa vie, par Daunou. *Paris, Baudoin frères*, 1828, 3 vol. in-8, cart., non rognés.

124. **Boileau.** Œuvres poétiques, avec des Notices par Poujoulat. Eaux-fortes, par V. Foulquier. *Tours, Alfred Mame* 1870, gr. in-8, demi-rel. mar. brun, dos et coins, tête dor., non rogné.

125. **Boissard** (J.-Jacq.). Romanæ urbis topographia et antiquitates, quibus succincte et breviter describuntur omnia, quæ tam publice quam privatum videntur animadversione digna. *Francofurti, impensis Theodori de Bry*, 1597-1602, 6 parties en 3 vol. in-fol., fig. de Th. de Bry, mar. brun, fil., tr. dor.

Mouillures.

126. **Boissieu** (Arthur). Poésies d'un Passant, *Paris, Lemerre*, 1870, in-12, demi-rel. mar. bleu, tête dor., non rogné.

127. **Bonnardot** (A.). Essai sur l'art de restaurer les estampes et les livres, ou Traité sur les meilleurs procédés pour blanchir, détacher, colorier, réparer et conserver les estampes, livres et dessins. *Paris, Castel*, 1858, in-12. — De la Réparation des vieilles reliures. Complément de l'Essai sur l'art de restaurer les estampes et les livres. *Paris, Castel*, 1858, in-12. Ensemble 2 parties en 1 vol. in-12, demi-rel. mar. ch. rouge, tr. jasp.

Exemplaires tirés sur papier de Hollande.

128. **Borel** (Pétrus). Champavert. Contes immoraux. Avec frontispice à l'eau-forte, de M. Adrien Aubry. *Bruxelles, J. Blanche*, 1872, in-8, demi-rel. mar. brun. dos orné, tête dor., non rogné.

129. **Bossuet**. Traité de la connaissance de Dieu et de soi-même, suivi de l'Exposition de la doctrine de l'église catholique, nouvelle édition revue, avec une introduction, par Silvestre de Sacy, *Paris, Techener*, 1864, in-12, mar. brun, fil., dent. intér., dos orné, tr. dor.

130. **Bossuet** (J.-B.). Discours sur l'Histoire universelle, précédé d'une Notice littéraire, par Tissot. *Paris, Curmer, s. d.* (1839), 2 vol. gr. in-8, texte encadré, fig. d'après Tony Johannot et Meissonier, mar. bleu, fil., tr. dor.

131. **Bossuet.** Discours sur l'Histoire universelle. Préface par Poujoulat. Eaux-fortes, par V. Foulquier. *Tours, Mame*, 1870, gr. in-8, mar. brun jans., dent. int., tr. dor.

132. **Bossuet**. Discours sur l'histoire universelle, préface par Poujoulat, eaux-fortes, par V. Foulquier, *Tours, Mame*, 1870, gr. in-8, portr., demi-rel. mar. rouge, dos et coins, tête dor., non rogné.

133. **Bossuet.** Oraisons funèbres, suivies du Sermon pour la profession de Mme de La Vallière, avec des notices, par Poujoulat, eaux-fortes, par V. Foulquier, *Tours, Mame*, 1869, gr. in-8, demi-rel. mar. rouge, dos et coins, tête dor., non rogné.

134. **Bossuet** (J.-B.). Oraison funèbre du Grand Condé, publiée par Emmanuel Bocher. Illustrations de Lechevallier-Chevignard, *Paris, D. Morgand et Fatout*, 1879, gr. in-4, mar. noir, dent. int., tr. dor. (*Marius Michel.*)

Aux armes du prince de Condé. — L'un des 100 exemplaires tirés sur papier de Chine.

135. **Bouchet** (Guillaume), sieur de Brocourt. Les Serees, avec notice et index, par C.-E. Roybet. *Paris, Lemerre*, 1873-1874, 3 vol. in-16, pap. vergé, demi-rel. mar. bleu, dos et coins, tête dor., non rognés. (*Hardy.*)

136. **Boulmier** (Joseph). Rimes loyales. *Paris, Poulet-Malassis et de Broise*, 1857, in-12, demi-rel. mar. bleu, tête dor., non rogné.

137. **Bounin** (Polydore). Essais poétiques. *Paris, Desauges*, 1829, in-12. — Le Serment de l'épouse. *Paris, Denain*, 1829, in-12. — Esquisses infernales. *Marseille, Anfonce*, 1830, in-12. Ensemble 3 parties en 1 vol. in-12, demi-rel. mar. brun, tête dor., non rogné.

138. **Bounin** (Polydore). Poésies et Poèmes. *Marseille, Camoin*, 1832, in-8, front., demi-rel. mar. brun, tr. jasp.

139. **Bouquet**. La Troupe de Molière et les deux Corneille à Rouen en 1658. *Paris, Claudin*, 1880, in-12, broché.

140. **Bourlier** (Pierre-Philippe, baron d'Ailly). Recherches sur la monnaie romaine, depuis son origine jusqu'à la mort d'Auguste. *Lyon, Scheuring*, 1864-1869, 2 tomes en 4 vol. in-4, pl., cart., non rogn.

141. **Brazier** (Nic.). Chansons. *Paris, Barba*. 1835, in-12, front. gr., demi-rel. mar. ch. rouge, non rogné.

142. **Brazier** (Nic.). Chansons nouvelles. *Paris, Rossignol*, 1836, in-12, demi-rel. mar. ch. rouge, tr. jasp.

143. **Brazier**. Chroniques des Petits Théâtres de Paris depuis leur création jusqu'à ce jour. *Paris, Allardin*, 1837, 2 vol. in-8°, demi-rel. mar. rouge, non rognés.

144. **Brès** (Louis). Gustave Ricard et son œuvre, à Marseille. *Paris, Renouard*, 1873, in-12, portr. demi-rel. mar. rouge, dos et coins, tête dor., non rognés.

145. **Briffault** (Eugène). Paris dans l'eau, illustré par Bertall. *Paris, Hetzel*, 1844, in-8, cart., non rogné.

146. **Briffault** (Eugène). Paris à Table, illustré par Bertall. *Paris, Hetzel*, 1846, in-8, cart., non rogné.

147. **Brillat-Savarin**. Physiologie du Goût, illustrée par Bertall, notice biographique par Alph. Karr. *Paris, Gab. de Gonet, S. d.* (1848) gr. in-8, demi-rel. mar. vert, dos et coins, non rogné.

Première édition avec la couverture.

148. **Brillat-Savarin**. Physiologie du Goût, avec une préface par Ch. Monselet, eaux-fortes par Ad. Lalauze. *Paris, Librairie des Bibliophiles*, 1879, 2 vol. in-12, demi-rel. mar. vert, dos et coins, tête dor., non rognés. (*David*).

149. **Brispot** (L'Abbé). La Vie de N.-S. Jésus-Christ, écrite par les quatre évangélistes; coordonnée, expliquée et développée par les SS. Pères, les docteurs et les orateurs les plus célèbres, et illustrée par une série de 130 grav. *Paris, Pilon*, 1853, 2 tomes en 1 vol. in-fol., mar. ch. vert, large dent., tr. dor.

150. **Brispot** (L'Abbé). La Vie de N.-S. Jésus-Christ ou les Saints Évangiles, expliqués et développés d'après les SS. Pères. *Paris*, 1860, 3 vol. gr. in-8, fig., demi-rel. mar. ch. vert, tr. dor.

151. **Brizeux** (Auguste). Œuvres. *Paris, Lemerre*, 1874, 2 vol. in-12, portr., mar. rouge, fil., dos ornés, tr. dor.

152. **Brunet** (Jacques-Charles). Manuel du Libraire et de l'Amateur de livres, 5e édition. *Paris, Firmin-Didot*, 1860-1865, 6 vol. gr. in-8. — Supplément, par P. Deschamps et G. Brunet. *Paris, Firmin-Didot*, 1878-1880, 2 vol. gr. in-8. Ensemble 8 vol. gr. in-8, demi-rel. mar. brun, dos et coins, tête dor., non rognés.

Les deux volumes de Supplément sont brochés.

153. **Bulletin** de la Librairie Morgand et Fatout. *Paris*, 1876-1878, 2 vol. in-8, avec *fac-similés*, cart., non rognés.

154. **Bury** (Richard de). Philobiblion. Excellent traité sur l'amour des livres. Traduit pour la première fois et précédé d'une introduction par H. Cocheris, *Paris, Aubry*, 1856, pet. in-8, pap. vergé, cart., non rogné.

155. **Bury-Palliser** (Mrs.). History of lace. *London, Sampson Low son and Marston*, 1865, gr. in-8, fig., cart., tr. dor.

156. **Bussy-Rabutin** (Comte de). Mémoires, nouvelle édition, revue sur un manuscrit de famille, avec une préface, des notes et des tables par Lud. Lalanne. *Paris, Charpentier*, 1857, 2 vol. in-12, demi-rel. mar. ch. bleu, tr. jasp.

157. **Bussy-Rabutin** (Comte de). Correspondance avec sa famille et ses amis (1666-1693), nouvelle édition, revue sur les manuscrits, préface, notes et tables par Lud. Lalanne. *Paris, Charpentier*, 1858, 6 vol. in-12, demi-rel. mar. ch. bleu, tr. jasp.

158. **Callot** (J.). Album de 99 pièces. Varie figure. — Capitano de Baroni. — Noblesse. — Varie figure. — Gobbi, in-4, demi-rel. mar. rouge, dos et coins, non rogné.

159. **Campan** (Mme). Mémoires sur la vie privée de Marie-Antoinette, suivis de souvenirs et anecdotes historiques sur les règnes de Louis XIV, Louis XV et Louis XVI. *Paris, Baudouin frères*, 1823, 3 vol. in-8, portr., demi-rel. v. fauv., non rognés.

160. **Campardon** (Émile). Marie-Antoinette et le Procès du Collier, d'après la procédure instruite devant le Parlement de Paris. *Paris, Plon*, 1863, gr. in-8, demi-rel. mar. bleu, dos et coins, tête dor., non rogné.

161. **Campardon** (Émile). Le Tribunal Révolutionnaire de Paris, d'après les documents conservés aux archives de l'Empire. *Paris, Plon*, 1866, 2 vol. gr. in-8, demi-rel. mar. ch. rouge, tr. jasp.

162. **Campardon** (Émile). Madame de Pompadour et la cour de Louis XV au milieu du XVIIIe siècle. *Paris, Plon*, 1867, gr. in-8°, portr., demi-rel. mar. bleu, tête dor., non rogné.

163. **Canel** (A.). Recherches sur les jeux d'esprit, les singularités et les bizarreries littéraires, principalement en France. *Évreux, de l'imprimerie de Hérissey*, 1867, 2 vol. in-8, pap. vergé, demi-rel. mar. bleu, dos et coins, tête dor., non rognés.

164. **Caractères** (Les) de la tragédie, publié d'après un manuscrit attribué à La Bruyère. *Paris, Académie des Bibliophiles*, 1870, in-18, demi-rel. mar. brun, tête dor., non rogné.

165. **Caricature** (La). Année 1880. *Paris, au Bureau du journal*, in-4, fig. noires et coloriées, demi-rel. mar. violet, dos et coins, non rogné.

166. **Carmouche**. le Théâtre en Province. *Paris, Michel Lévy*, 1859, in-12, demi-rel. mar. bleu, tête dor., non rogné.

Envoi autographe à M. Bénédit.

167. **Carteret** (Antoine). Fables, seconde édition augmentée, poésies diverses. *Paris, Lemerre*, 1873, pet. in-12, demi-rel. mar. rouge, dos et coins, tête dor., non rogné.

168. **Catalogue** complet d'eaux-fortes originales, composées et gravées par les artistes eux-mêmes, avec 8 planches, types divers, par Veyrassat, Feyen-Perrin, Brunet-Debaines, Appian, etc. *Paris, Cadart*, 1873, in-12, demi-rel. mar. rouge, dos et coins, tête dor., non rogné. (*Hardy*.)

169. **Catalogue** complet d'eaux-fortes originales et inédites, composées et gravées par les artistes eux-mêmes avec douze planches. Types divers. *Paris, Cadart*, 1874, in-12, demi-rel. mar. rouge, dos et coins, tête dor., non rogné.

170. **Catalogue** de tableaux modernes, composant la collection de M. Faure. *Paris*, 1873, gr. in-8, demi-rel. mar. rouge, dos et coins, tête dor., non rogné.

28 planches gravées à l'eau-forte.

171. **Catalogue** d'une très belle collection de tableaux, comprenant des œuvres remarquables des principaux maîtres des écoles an-

glaise, française ancienne et moderne, flamande et hollandaise. (Collection Wilson). *Paris*, 1874, gr. in-4, pap. de Hollande, demi-rel. mar. rouge, dos et coins, tête dor., non rogné. (*Hardy*.)

16 planches gravées à l'eau-forte.

172. **Catalogue** des tableaux de l'École moderne, tableaux anciens, marbres, objets d'art et de curiosité, composant la Galerie de feu M. Oppenheim. *Paris*, 1877, gr. in-8, demi-rel. mar. rouge, dos et coins, tête dor., non rogné. (*David*.)

22 planches gravées à l'eau-forte.

173. **Catalogue** de tableaux modernes et de tableaux anciens, composant la collection Laurent-Richard. *Paris*, 1878, gr. in-8, demi-rel. mar. rouge, tête dor., non rogné.

53 planches gravées à l'eau-forte.

174. **Catalogue** des objets d'art et d'ameublement. Tableaux du palais de San Donato. *Paris*, 1880, in-4°, cart., non rogné.

Eaux-fortes et nombreuses figures.

175. **Catalogue** de tableaux de premier ordre, anciens et modernes, composant la galerie de M. John M. Wilson. *Paris*, 1881, in-4, demi-rel. mar. rouge, dos et coins, tête dor., non rogné. (*David*).

62 planches gravées à l'eau-forte.

176. **Catalogue** de la bibliothèque dramatique de M. de Soleinne, rédigé par P. L. Jacob, bibliophile. *Paris*, *Alliance des Arts*, 1843-1845, 6 tomes en 4 vol. in-8, demi-rel. v. fauv., non rognés.

177. **Catalogue** des livres, en partie rares et précieux, composant la bibliothèque d'un amateur (M. L. T.) (Léon Tripier). *Paris*, *Potier*, 1854, in-16, pap. de Hollande, demi-rel. mar. rouge, dos et coins, tête dor., non rogné.

178. **Catalogue** des livres rares et précieux, imprimés et manuscrits, dessins et vignettes, composant la bibliothèque de feu M. le comte H. de La Bédoyère. *Paris*, *Potier*, 1862, gr. in-8, avec table des prix d'adjudication, cart., non rogné.

179. **Catalogue** des livres rares et précieux composant la bibliothèque de feu M. Jacques-Charles Brunet. *Paris*, *Potier*, 1868, 2 parties en 1 vol. gr. in-8, avec la table des prix d'adjudication, cart., non rogné.

180. **Catalogue** de livres anciens et modernes, rares et curieux, de la librairie Auguste Fontaine. *Paris*, *Auguste Fontaine*, 1870-1879, 7 vol. gr. in-8, cart. et brochés.

181. **Catalogue** des livres rares et précieux, poètes français, anciens chansonniers, etc., composant le cabinet de feu M. Morel (de Lyon). *Paris*, *Claudin*, 1873, gr. in-8, demi-rel. mar. rouge, tête dor., non rogné. (*Allô*.)

182. **Catalogue** des livres rares et précieux, manuscrits et imprimés, provenant de la bibliothèque de feu M. Benzon. *Paris, Bachelin-Deflorenne*, 1875, gr. in-8, demi-rel. mar. rouge, tête dor., non rogné. (*Hardy*.)

Prix d'adjudication.

183. **Catalogue** de livres rares et précieux, imprimés et manuscrits, composant la bibliothèque de M. L. de M. (Lebeuf de Montgermont). *Paris, Labitte*, 1876, gr. in-8, cart., non rogné.

Avec les prix d'adjudication.

184. **Catalogue** illustré des livres précieux, manuscrits et imprimés, faisant partie de la bibliothèque de M. Ambroise Firmin-Didot. Précédé d'un Essai sur la gravure dans les livres, par Georges Duplessis. *Paris, Firmin-Didot*, 1879, in-4, fig. noires et en chromolithographie, demi-rel. mar. rouge, dos et coins, tête dor., non rogné. (*David*.)

185. **Catalogue** d'un choix de livres rares et précieux, manuscrits et imprimés, composant le cabinet de feu M. le marquis de Ganay, *Paris, Ch. Porquet*, 1881, in-8, pap. vergé, avec la table des prix d'adjudication, cart., non rogné.

186. **Catéchisme** des gens mariés (par le P. Feline). *S. l. n. d.* (*Caen, Le Roy*, 1782), in-12, mar. brun, jans., dent. intér., tr. dor.

187. **Catullus,** Tibullus et Propertius. *Parisiis, J. Barbou*, 1754, in-12, fig., v. éc., fil., tr. dor.

188. **Caylus** (Mme de). Souvenirs sur les intrigues amoureuses de la cour avec des notes de M. de Voltaire. *Au Château-Fernei*, 1770, in-12, demi-rel. cuir de Russie, dos et coins, tête dor., non rogné.

189. **Cazin**. Sa vie et ses éditions par un cazinophile (Brissart-Binet). *Cazinopolis* (*Reims*), 1863, in-16, pap. vergé, demi-rel. mar. rouge, dos et coins, tête dor., non rogné. (*Capé*.)

190. **Cazotte** (J.). Le Diable amoureux, roman fantastique, précédé de sa vie, de son procès et de ses prophéties et révélations par Gérard de Nerval. Illustré de 200 dessins par Édouard de Beaumont. *Paris, Ganivet*, 1845, in-8, demi-rel. mar. ch. rouge, tête dor., non rogné.

191. **Celler** (Ludovic). Les Origines de l'Opéra et le ballet de la Reine (1581). *Paris, Didier*, 1868, in-12, demi-rel. mar. brun, tête dor., non rogné.

192. **Celler** (Ludovic). Les Types populaires au théâtre. *Paris, Dufour*, 1870, in-12, demi-rel. mar. brun, tête dor., non rogné.

193. **Cent Nouvelles nouvelles**. *Paris, Garnier frères*, 1863, in-12, demi-rel. mar. ch. rouge, dos et coins, tête dor., non rogné.

194. **Cent Nouvelles nouvelles.** (Les dix dizaines), réimprimées par les soins de D. Jouaust. Avec Notice, Notes et Glossaire, par Paul Lacroix. Dessins gravés de Jules Garnier. *Paris, Librairie des Bibliophiles*, 1874, 4 vol. in-12, demi-rel. mar. rouge, dos et coins, tête dor., non rognés. (*Allô.*)

195. **Cent quarante-cinq rondeaux d'amour,** publiés d'après un manuscrit autographe de la fin du xve siècle (par E.-M. B. (E.-M. Bancel). *Paris, Lemerre et Rouquette*, 1875, in-8, texte encadré, mar. rouge, fil., dos orné, dent. int., tr. dor. (*Thibaron-Joly.*)

L'un des 80 exemplaires tirés sur papier Whatmann.

196. **Cercle de la Librairie.** Première exposition. *Paris, 117, boulevard Saint-Germain, juin* 1880, gr. in-8, pap. vergé, cart., non rogné.

197. **Cervantes Saavedra** (Miguel de). L'ingénieux hidalgo Don Quichotte de la Manche, traduit et annoté par Louis Viardot. Vignettes de Tony Johannot. *Paris, Dubochet et Cie*, 1836-1837, 2 vol. gr. in-8, frontispices sur pap. de Chine, demi-rel. mar. ch. bleu, tr. jasp.

Exemplaire de premier tirage.

198. **Cervantes** (Michel de). Histoire de Don Quichotte. Suite de 16 figures dessinées et gravées par Ricardo de los Rios. *Paris, Rouquette, s. d.*, in-4, en feuilles.

Épreuves avant la lettre tirées sur papier grand Japon impérial.

199. **Challamel** (Augustin). Les Français sous la Révolution, avec quarante scènes et types. *Paris, Challamel, s. d.*, gr. in-8, dem.-rel. mar. ch. rouge, tête dor., non rogné.

200. **Champfleury.** Contes vieux et nouveaux. *Paris, Michel Lévy*, 1852, in-12. — Les Amoureux de Sainte-Périne. *Paris, Librairie Nouvelle*, 1859, in-12. — L'Hôtel des Commissaires-Priseurs. *Paris, Dentu*, 1867, in-12. Ensemble 3 vol. in-12, demi-rel. mar. ch. violet, tête dor., non rognés.

201. **Champfleury.** Souvenirs des Funambules. *Paris, Michel Lévy*, 1859, in-12, demi-rel. mar. violet, tête dor., non rogné.

Édition originale.

202. **Champfleury.** Œuvres nouvelles. Les Amis de la Nature. Avec un frontispice gravé par Bracquemond, d'après un dessin de Gustave Courbet. *Paris, Poulet-Malassis et de Broise*, 1859, in-12, demi-rel. mar. violet, tête dor., non rogné.

203. **Champfleury.** Histoire de la Caricature antique. *Paris, Dentu, s. d.*, in-12, fig. — Histoire de la Caricature au moyen âge. *Paris, Dentu, s. d.*, in-12, fig. Ensemble 2 vol. in-12, demi-rel. mar. brun, tête dor., non rognés.

204. **Champfleury.** Histoire de la Caricature au moyen âge. *Paris, Dentu. s. d.*, in-12, fig., demi-rel. mar. ch. violet, tête dor., non rogné.

205. **Champfleury.** Les Enfants. 4e édition de luxe, avec 90 gravures noires, en couleur, et eaux-fortes, par Crafty, Ch. Marchal, Schüler, etc. *Paris, Rothschild*, 1873, gr. in-8, demi-rel. mar. violet, tête dor., non rogné.

206. **Champollion-Figeac.** Nouvelles recherches sur les patois ou idiomes vulgaires de la France, et en particulier sur ceux du département de l'Isère. *Paris, Goujon*, 1809, in-12, demi-rel. bas., tr. jasp.

207. **Chanson de Roland** (La). Texte critique, accompagné d'une traduction nouvelle, et précédé d'une introduction historique, par Léon Gautier. Avec eaux-fortes par Chifflart et V. Foulquier, et un fac-similé. *Tours, A. Mame et fils*, 1872, gr. in-8, demi-rel. mar. rouge, dos et coins, tête dor., non rogné. (*David.*)

208. **Chants** et chansons populaires de la France. *Paris, Delloye*, 1843, 3 vol. gr. in-8. — Chansons populaires des provinces de France. *Paris, Bourdilliat*, 1860, gr. in-8. Ensemble 4 vol. gr. in-8, demi-rel. mar. rouge, dos et coins, tête dor., non rognés.

Première édition.

209. **Chapelle et Bachaumont.** Œuvres. Nouvelle édition, revue et corrigée sur les meilleurs textes, notamment sur l'édition de 1732, précédée d'une notice par Tenant de Latour. *Paris, Jannet*, 1854, in-16, mar. rouge, dent. int., tr. dor. (*Hardy.*)

210. **Charlemagne** (Armand). Poésies fugitives. *Paris, Louis, an IX*, pet. in-12, demi-rel., mar. brun, tête dor., non rogné.

211. **Charron.** (Pierre). De la Sagesse. *Paris, Fr. Bastien*, 1783, in-8, portr., demi-rel. mar. ch. violet, dos et coins, tr. dor.

212. **Chaulieu.** Poésies, précédées d'une notice biographique et littéraire, par Lémontey. *Paris, Froment*, 1825, in-8, portr., demi-rel. mar. vert, dos et coins, tête dor., non rogné.

213. **Chef-d'œuvre d'un inconnu** (Le). Poème heureusement découvert, et mis au jour avec des remarques savantes et recherchées, par le docteur Chrisostome Matanasius. *La Haye, P. Husson*, 1745, 2 vol. in-12, fig., v. fauv.

214. **Chefs-d'œuvre** dramatiques du XVIIIe siècle, ou choix des pièces les plus remarquables de Regnard, Le Sage, Destouches, Beaumarchais, Marivaux, etc. Édition ornée de portraits en pied coloriés, dessinés par M. Geoffroy. *Paris, Laplace, Sanchez et Cie*, 1872, gr. in-8, demi-rel. mar. ch. vert, dos et coins, tête dor., non rogné.

215. **Chefs-d'œuvre** (Les) d'art à l'Exposition universelle 1878, sous la direction de M. E. Bergerat. *Paris, Lud. Baschet*, 1878, 2 vol. in-fol. demi-rel. mar. rouge, dos et coins, tête dor., non rognés.

40 photogravures et 367 dessins et croquis.

216. **Chênedollé**. Œuvres complètes. Nouvelle édition, précédée d'une Notice par Sainte-Beuve. *Paris, Firmin-Didot*, 1864, pet. in-12, demi-rel. mar. ch. vert, dos et coins, tête dor., non rogné.

217. **Chénier** (André). Poésies. Édition critique. Étude sur la vie et les œuvres d'André Chénier, variantes, notes et commentaires, lexique et index, par L. Becq de Fouquières. Édition ornée d'un portrait d'André Chénier. *Paris, Charpentier*, 1862, gr. in-8, demi-rel. mar. ch. vert, dos et coins, tête dor., non rogné.

218. **Chénier** (André de). Œuvres poétiques, avec une Notice et des notes par Gabriel de Chénier. *Paris, Lemerre*, 1874, 3 vol. pet. in-12, portr., mar. rouge, fil., dos ornés, dent. intér., tr. dor. (*Canape.*)

219. **Chesneau** (Ernest). Le Statuaire J.-B. Carpeaux. Sa vie et son œuvre. *Paris, A. Quantin*, 1880, in-8, demi-rel., mar. rouge, dos et coins, tête dor., non rogné.

Exemplaire tiré sur papier de Hollande, figures en double état.

220. **Chevigné** (Le comte de). Les Contes rémois. Dessins de E. Meissonier. *Paris, Michel Lévy frères*, 1858, in-12, mar. vert, fil., dos orné, dent. intér., tr. dor. (*Raparlier.*)

221. **Chevigné** (Comte de). Les Contes rémois. *Paris, Librairie des Bibliophiles*, 1871, pet. in-12, pap. vergé, demi-rel. mar. orange, dos et coins, tête dor., non rogné.

222. **Chevigné** (Comte de). Les Contes rémois. 12ᵉ édition, précédée de la Muse champenoise, par Louis Lacour. Dessins de Jules Worms, gravés à l'eau-forte par Paul Rajon. *Paris, Librairie des Bibliophiles*, 1877, in-12, demi-rel. mar. citron, dos et coins, tête dor., non rogné. (*David.*)

223. **Chez Victor Hugo,** par un Passant, avec 12 eaux-fortes par Maxime Lalanne. *Paris, Cadart et Luquet*, 1864, gr. in-8, demi-rel. mar. rouge, dos et coins, tête dor., non rogné. (*Raparlier.*)

224. **Christiade** (La), ou le Paradis reconquis, pour servir de suite au Paradis perdu de Milton (par l'abbé Jacques-François de Labaume-Desdossat). *Bruxelles, Vase*, 1743, 6 vol. in-12, vignettes et gravures d'après Ch. Eisen, v. marb.

225. **Chronique** (La) de Gargantua, premier texte du Roman de Rabelais, précédé d'une Notice par Paul Lacroix. *Paris, Jouaust*, 1868, in-8, mar. rouge, dent., dos orné, tr. dor.

Exemplaire tiré sur papier Whatman.

226. **Chronique** (La) scandaleuse publiée par Octave Uzanne, avec préface, notes et index. *Paris, Quantin,* 1879, gr. in-8, front. gr. demi-rel. mar. rouge, dos et coins, tête dor., non rogné.

227. **Chroniques** pittoresques et critiques de l'Œil de Bœuf, des petits Appartements de la Cour et des Salons de Paris, recueillies et mises en ordre par Touchard-Lafosse. *Paris, G. Barba,* 1845, 4 vol. in-12, demi-rel. mar. ch. vert, tr. jasp.

228. **Cicéron.** Œuvres complètes, traduites en français, avec le texte en regard. Édition publiée par J.-V. Le Clerc. *Paris, Lefèvre,* 1825, 30 vol. in-8, portr., v. rac., tr. marb.

229. **Claretie** (Jules). Le Drapeau, édition illustrée, par A. de Neuville. *Paris, G. Decaux,* 1879, in-4, texte encadré, cart., non rogné.

230. **Clément de Ris** (L.). Les Amateurs d'autrefois. Huit portraits gravés à l'eau-forte. *Paris, Plon,* 1877, gr. in-8, demi-rel. mar. brun, dos et coins, tête dor., non rogné.

231. **Cléry.** Journal de ce qui s'est passé à la Tour du Temple pendant la captivité de Louis XVI roi de France. *Londres, chez l'auteur,* 1798, in-8, demi-rel. mar. rouge, dos et coins, tête dor., non rogné.

Exemplaire auquel on a ajouté 22 portraits de personnages célèbres et 24 figures scènes de la Révolution.

232. **Cochon** (Le) mitré. Dialogue. *A Paris, de la typographie de Panckoucke,* 1850, in-18, mar. citron, milieu mosaïque de mar. noir, dos orné, dent. intér., tr. dor. (*Duru.*)

233. **Cohen** (H). Description générale des monnaies de la République romaine communément appelées Médailles consulaires. *Paris, Rollin,* 1857, in-4, pl., demi-rel. v. violet.

234. **Cohen** (Henry). Guide de l'amateur de livres à vignettes du XVIIIe siècle. Seconde édition. Frontispice à l'eau-forte par J. Chauvet. *Paris, Rouquette,* 1873, in-8, pap. vergé, cart., non rogné.

235. **Cohen** (Henry). Guide de l'amateur de livres à figures et à vignettes du XVIIIe siècle. 3e édition, entièrement refondue et considérablement augmentée, par Charles Mehl. *Paris, Rouquette,* 1876, gr. in-8, pap. vergé, cart., non rogné.

236. **Collection** du Bibliophile. *Paris, Bachelin-Deflorenne,* 1863-1869, 12 vol. in-16, pap. vergé, portraits à l'eau-forte, mar. orange, fil., dos ornés, dent. int., tr. dor. (*Belz-Niedrée.*)

Contient : Œuvres inédites d'H. Moreau. — Documents sur H. Moreau. — Lamennais, par Marie Peigné. — Madame de Lamartine, par A. Lebailly. — Rouget de Lisle, par Poisle Desgranges. — La Lisette de Béranger. — Henry Mürger, par Delvau. — Elisa Mercœur, par J. Claretie. — Madame de Girardin. — Gérard de Nerval, par Delvau. — Méry, par G. Claudin. — A. de Vigny, par France.

237. **Collection** (Nouvelle) des **Mémoires** relatifs à l'Histoire de France, depuis le XIIIe siècle jusqu'à la fin du XVIIIe siècle, accompagnés d'éclaircissements historiques par Michaud et Poujoulat. Édition illustrée de plus de 100 portraits gravés. *Paris, Didier*, 1866, 34 vol. gr. in-8, demi-rel. mar. ch. rouge, non rognés.

238. **Collection** des romans grecs traduits en français avec des notes par MM. Courier, Larcher, et autres hellénistes, précédée d'un Essai sur les romans grecs par M. Villemain. *Paris, Merlin, imprimerie de J. Didot*, 1822-1841, 13 vol. in-16, fig., demi-rel. mar. rouge, dos ornés, tête dor., non rognés.

Exemplaire tiré sur grand papier vélin, avec les figures avant la lettre.

239. **Colombey** (Émile). L'Esprit au Théâtre. *Paris, Hetzel, s. d.*, in-12, demi-rel. mar. orange, tête dor., non rogné.

240. **Comtesse de Ponthieu** (La). Roman de chevalerie inédit. Publié avec introduction et traduction par Alfred Delvau. Tiré d'un manuscrit du XIIIe siècle, appartenant à la Bibliothèque impériale. *Paris, Bachelin-Deflorenne*, 1865, in-8, caract. gothiques, mar. rouge, fil., dos orné, dent. int., tr. dor. (*Belz-Niedrée.*)

241. **Connaissances** nécessaires à un bibliophile (par Ed. Rouveyre.) Seconde édition revue, corrigée et augmentée. *Paris, Ed. Rouveyre*, 1878, in-12, demi-rel., mar. rouge, tête dor., non rogné.

242. **Connétable** (Le) de Bourbon, tragédie en cinq actes (par H. de Guibert). *Paris*, 1785, in-18, pap. vélin, mar. rouge, fil., dos orné, dent. intér., non rogné.

Tiré à 50 exemplaires.

243. **Conseils** d'Ariste à Célimène sur le moyen de conserver sa réputation (par l'abbé Hedelin d'Aubignac), *Paris, Pepingué*, 1692, in-12, vél. bl.

244. **Contes et Nouvelles** en vers, par Voltaire, Vergier, Sénecé, Perrault, Moncrif et le P. Ducerceau. *Paris, Leclère fils*, 1862, 2 vol. in-12, fig. d'après Duplessis-Bertaux, demi-rel. mar. rouge, dos ornés et coins, tête dor., non rognés. (*Allô*).

L'un des 100 exemplaires tirés sur papier vélin.

245. **Coppée** (François). Théâtre. 1869 1872. *Paris, Lemerre*, 1872, pet. in-12. — Poésies. 1864-1869. *Paris, Lemerre*, 1873. pet. in-12. Ensemble 2 vol. pet. in-12, mar. brun, ornements sur les plats, dent. int., tr. dor. (*Cuzin*).

246. **Coppée** (François). Les Récits et les Élégies. *Paris, Lemerre*, 1878, in-12, demi-rel. mar. brun, tête dor., non rogné. (*David.*)

Édition originale.

247. **Coran** (Charles). Onyx. *Paris, Masgana*, 1840, in-12, demi-rel. mar. brun, non rogné.

Envoi autographe signé de l'auteur.

248. **Corneille** (P. et Th.). Chefs-d'œuvre dramatiques. *Londres (Cazin)*, 1783, 5 vol. in-18, portraits, v. éc., fil., tr. dor.

249. **Corneille** (P.). Théâtre complet, précédé de la vie de l'auteur, par Fontenelle, nouvelle édition ornée du portrait de Corneille, dessins de M. Geffroy. *Paris, Laplace*, 1869, gr. in-8, demi-rel. mar. ch. violet, dos et coins, tête dor., non rogné.

250. **Correspondance** inédite de la comtesse de Sabran et du chevalier de Boufflers, 1778-1788, recueillie et publiée par E. de Magnieu et Henri Prat. *Paris, Plon*, 1875, gr. in-8, portr. demi-rel. v. fauv., dos et coins, tête dor., non rogné.

251. **Cortège** historique de la ville de Vienne à l'occasion des noces d'argent de leurs majestés François-Joseph Ier et Élisabeth. 27 avril 1879. *Paris, Quantin, s. d.*, in-fol. fig., en feuilles.

252. **Couissinier** (l'Abbé). Le Cathéchisme en images, dessiné par G.-R. Elster et gravé par Rich. Brend'amour. *Paris, A. Schielgen*, 1862, in-8. 112 planches, mar. ch. brun, tr. dor.

253. **Coulange** (M. de). Poésies variées, divisées en quatre livres. *Paris, Vve Cailleau*, 1753, un tome en 2 vol. in-12, titre gravé par Aliamet d'après Ch. Eisen, v. marb.

254. **Cousin** (Le) de Mahomet (par Fromaget). *Constantinople (Paris)*, 1757, 2 vol. pet. in-12, titres gravés, v. fauve.

255. **Crébillon**. Œuvres : nouvelle édition, corrigée, revue et augmentée de la Vie de l'auteur. *Londres (Cazin)*, 1785, 3 vol. in-18, portr. gr., v. éc., fil., tr. dor.

256. **Crébillon le fils**. Œuvres. Le Sopha, conte moral. *Bruxelles, J. Rozez*, 1869, gr. in-8, demi-rel. mar. brun, dos et coins, tête dor., non rogné.

L'un des 100 exemplaires tirés sur papier de Hollande.

257. **Cuisinier** (Le) gascon. *Amsterdam*, 1740, in-12, mar. rouge jans., dent. intér., tr. dor. (*Chambolle*.)

258. **Dangeau** (Marquis de). Journal publié en entier pour la première fois par MM. Soulié, Dussieux, de Chennevières, Mantz, de Montaiglon ; avec les Additions inédites du duc de Saint-Simon, publiées par Feuillet de Conches. *Paris, Firmin-Didot*, 1854-1860, 19 tomes en 10 vol. gr. in-8, demi-rel. mar. rouge, tête dor., non rognés.

259. **Dauban**. La Démagogie en 1793 à Paris, ou Histoire jour par jour de l'année 1793. *Paris, Plon*, 1868, gr. in-8, demi-rel. mar. ch. rouge, tête dor., non rogné.

260. **De Backer** (Louis). Le Droit de la femme dans l'antiquité, son devoir au moyen âge, etc. *Paris, Claudin*, 1880, in-12, broché.

261. **Deburau**. Histoire du Théâtre à quatre sous pour faire suite à l'histoire du Théâtre-Français (par J. Janin), *Bruxelles, Hauman*, 1832, in-18, demi-rel. mar. vert, dos et coins, tête dor. non rogné.

262. **De Bure** (Guillaume-François). Bibliographie instructive, ou Traité de la connoissance des livres rares et singuliers. *Paris, De Bure*, 1763-1782, 10 vol. in-8, v. fauv., fil.

263. **De Foë** (Daniel). La Vie et les Aventures surprenantes de Robinson Crusoé. *Londres* (*Cazin*), 1784, 4 vol. in-18, fig. d'après B. Picart, v. éc., fil., tr. dor.

264. **De Foë** (Daniel). Aventures de Robinson Crusoé. Traduction nouvelle. Edition illustrée par J.-J. Grandville. *Paris, Garnier frères*, 1859, gr. in-8, demi-rel. mar. ch. bleu, tr. dor.

265. **De Foë** (Daniel). Aventures de Robinson Crusoé. Traduction nouvelle. Illustrations de Grandville. *Paris, Garnier*, 1870, in-12, demi-rel. mar. ch. vert. tr. jasp.

266. **Dejeuné** (Le) de la Rapée ou Discours des Halles et des Ports (par Lecluse). *Paris, Duchesne, s. d.*, in-12, mar. orange, fil., dent. intér., tr. dor. (*Hardy*.)

267. **Delavigne** (Casimir). Œuvres complètes, seule édition avouée par l'auteur. *Paris, Delloye*, 1836, gr. in-8, portr. et fig., demi-rel. v. rose, tr. jasp.

268. **Delavigne** (Casimir). Poésies et Messéniennes. *Paris, Ladvocat*, 1824, 2 vol. in-8, fig. de Devéria. — Théâtre. *Paris, Ladvocat*, 1826, 2 vol. in-8, fig. de Devéria. Ensemble 4 vol. in-8, v. fauv., comp. à froid, tr. dor. (*Simier*.)

269. **Delille** (Jacques). Les Jardins. Nouvelle édition considérablement augmentée. *Paris, Levrault frères* (*de l'imprimerie P. Didot l'aîné*), 1801, in-18, fig. de N. Monciau, mar. r., dent., tr. dor. (*Bozérian*.)

270. **Delvau** (Alfred). Les Cythères parisiennes. Histoire anecdotique des bals de Paris, avec 24 eaux-fortes et un frontispice de Félicien Rops et Émile Thérond. *Paris, Dentu*, 1864, in-12, demi-rel. mar. rouge, dos orné et coins, tête dor., non rogné. (*Allô*.)

271. **Delvau** (Alfred). Histoire anecdotique des Barrières de Paris, avec dix eaux-fortes, par Émile Thérond. *Paris, Dentu*, 1865, in-12, demi-rel. mar. rouge, dos et coins, tête dor., non rogné. (*Allô*.)

272. **Delvau** (Alfred). Du pont des Arts au pont de Kehl (Reisebilder d'un Parisien), avec frontispice par Émile Benassit. *Paris, Faure*, 1866, in-12, demi-rel. mar. rouge, tête dor., non rogné.

273. **Delvau**. Mémoires d'une honnête fille. *Paris, Faure*, 1866, in-12, deux portraits, demi-rel. mar. rouge, dos et coins, tête dor., non rogné.

274. **Delvau** (Alfred). Les Heures parisiennes. 25 eaux-fortes d'Emile Benassit. *Paris, Librairie centrale*, 1886, in-12, demi-rel. mar. rouge, dos orné et coins, tête dor., non rogné. *(Allô.)*

275. **Delvau** (Alfred). Les Plaisirs de Paris. Guide pratique et illustré. *Paris, Furne*, 1867, pet. in-12, fig., demi-rel. mar. rouge, tête dor., non rogné.

276. **Delvau** (Alfred). Les Lions du jour. Physionomies parisiennes. *Paris, Dentu*, 1867, in-12, demi-rel. mar. rouge, tête dor., non rogné.

277. **Delvau** (Alfred). Au bord de la Bièvre. Impressions et souvenirs. *Paris, Pincebourde*, 1873, in-12, demi-rel. mar. rouge, tête dor., non rogné.

278. **Demmin** (Auguste). Encyclopédie historique, archéologique, biographique, chronologique et monogrammatique des Beaux-Arts plastiques. *Paris, Furne, Jouvet et Cie, s. d.*, un tome en 3 vol. gr. in-8, fig., cart., non rognés.

279. **Demoustier** (C.-A.). Lettres à Émilie sur la mythologie. *Paris. Furne*, 1860, gr. in-8, fig. d'après Moreau le jeune, demi-rel. mar. ch. rouge, tr. dor.

280. **Denne** (Baron). Héro et Léandre. Poème en quatre chants suivi de poésies diverses. *Paris, Le Normand*, 1806, in-12, fig. mar. rouge, fil., dos orné, dent. intér., tr. dor.

281. **Désaugiers**. Chansons et poésies diverses. *Paris, Ladvocat*, 1827, 4 vol. in-12, pap. vélin, demi-rel. mar. vert, dos et coins, tête dor., non rogné.

282. **Desbordes-Valmore** (Mme). Poésies ; avec une Notice par Sainte-Beuve. *Paris, Charpentier*, 1842, in-12, demi-rel. mar. bleu, tr. éb.

283. **Desbordes-Valmore** (Mme). Poésies inédites, publiées par Gustave Revilliod. *Genève, Imprimerie de Jules Fick*, 1860, in-8, demi-rel. mar. ch. bleu, tr. jasp.

284. **Descamps**. La Vie des Peintres flamands, allemands et hollandois avec des portraits gravés en taille-douce. Voyage pittoresque de la Flandre et du Brabant. *Paris, Ant. Jombert*, 1753-1763, 5 vol. in-8, v. marb.

285. **Descamps**. Vie des Peintres flamands et hollandais, réunie à celle des peintres italiens et français, par d'Argenville. *Marseille, Imprimerie de J. Barile*, 1842-1843, 5 vol. in-8, portr., demi-rel. mar. ch. bleu, tr. jasp.

286. **Deschanel**. (Émile). Le mal qu'on a dit de l'amour. *Paris, Michel Lévy, s. d.*, in-18, demi-rel., mar. bleu, dos et coins, tête dor., non rogné.

287. **Deschanel** (Émile). La Vie des Comédiens, *Paris, Hetzel, s. d.*, in-12, demi-rel., mar. rouge, dos orné, tête dor., non rogné.

288. **Deshoulières** (Mme). Œuvres choisies, *Genève (Cazin)*, 1777, in-18, portr., v. fauv., fil., tr. dor.

289. **Desnoiresterres** (Gustave). Voltaire et la Société au XVIIIe siècle : La Jeunesse de Voltaire. — Voltaire à Cirey. — Voltaire à la cour. — Voltaire et Frédéric. *Paris, Didier*, 1871, 4 vol. in-12, demi-rel., mar. rouge, tête dor., non rognés.

290. **Des Periers** (Bonaventure). Le Cymbalum Mundi et autres œuvres réunies pour la première fois et accompagnées de notes, par P.-L. Jacob, *Paris, Ch. Gosselin*, 1841, 2 vol. in-12, demi-rel. mar. vert, tr. jasp.

291. **Deville** (Albéric). Fables anthologiques ou les fleurs mises en action. *Paris, Fr. Louis*, 1828, in-18, fig., demi-rel. bas., tr. jasp.

292. **Diable** (Le) à Paris. Paris et les Parisiens, mœurs et coutumes, texte par G. Sand, Stahl, L. Gozlan, F. Soulié, etc., illustrations par Gavarni. *Paris, Hetzel*, 1845, gr. in-8, fig., cart., tr. dor.

293. **Diable** (Le) à Paris, Paris et les Parisiens, à la plume et au crayon par Gavarni, Grandville, etc., *Paris, Hetzel*, 1868, 4 tomes en 2 vol. gr. in-8, fig., demi-rel. mar. rouge. tr. dor.

294. **Dictionnaire** Théâtral ou Douze cent trente-trois vérités sur les Directeurs, Acteurs, Actrices, etc.. (par Harel et Jal). *Paris, Barba*, 1825, in-12, demi-rel. mar. vert, tête dor., non rogné.

295. **Dictionnaire** universel d'histoire naturelle, donnant la description des êtres et des divers phénomènes de la nature, dirigé par C. d'Orbigny. *Paris, Houssiaux*, 1861, 13 vol. gr. in-8 et atlas in-4, demi-rel. mar. rouge, dos et coins, tête dor., non rognés.

Bel exemplaire. L'Atlas divisé en 7 volumes et tiré de format in-4, contient les planches en double état, noires, sur papier de Chine et coloriées.

296. **Didot** (Ambroise-Firmin). Essai typographique et bibliographique sur l'histoire de la gravure sur bois. *Paris, Firmin-Didot*, 1863, in-8, demi-rel. mar. rouge, tête dor., non rogné.

297. **Dierx** (Léon). Poèmes et Poésies. *Paris, Sausset*, 1864, in-12. — Les Lèvres closes. *Paris, Lemerre*, 1867, in-12. — Les Paroles du vaincu. *Paris, Lemerre*, 1871, pet. in-12. — Ensemble 2 vol. in-12, demi-rel. mar. ch. bleu, tr. jasp. et 1 plaquette brochée.

298. **Diguet** (Charles). Blondes et Brunes. *Paris, Aux dépens de la Compagnie*, 1866, in-12, pap. vergé, demi-rel. mar. bleu, dos et coins, tête dor., non rogné.

299. **Diguet** (Charles). Les jolies femmes de Paris. Vingt eaux-fortes par Martial, ornements par Morin. *Paris, Librairie internationale*, 1870, gr. in-8, pap. vergé, demi-rel. mar. bleu, dos et coins, tête dor., non rogné.

300. **Documents** inédits sur J.-B. Poquelin Molière, découverts et publiés avec des notes, un index alphabétique et des fac-similés par Emile Campardon. *Paris, Plon*, 1871, pet. in-12, demi-rel. mar. rouge, dos et coins, tête dor., non rogné.

Exemplaire tiré sur papier de Hollande.

301. **Dolet** (Etienne). Le Second Enfer, suivi de sa traduction des deux Dialogues platoniciens, l'Axiochus et l'Hipparchus. Notice bio-bibliographique par un bibliophile. *Paris, à l'Académie des Bibliophiles*, 1868, in-12, pap. vergé, demi-rel. mar. bleu, dos et coins, tête dor., non. rogné.

302. **Draibel** (H. Beraldi). L'Œuvre de Moreau le jeune. Notice et catalogue. *Paris, P. Rouquette*, 1874, in-8, portr., demi-rel. mar. rouge, tête dor., non rogné.

303. **Droz** (Gustave). Monsieur, Madame et Bébé, édition illustrée par Edm. Morin. *Paris, V. Havard*, 1878, gr. in-8, portr., demi-rel. mar. vert, dos et coins, non rogné.

Exemplaire tiré sur papier Whatman, avec la couverture.

304. **Du Camp** (Maxime). Paris, ses organes, ses fonctions et sa vie dans la seconde moitié du XIXe siècle. *Paris, Hachette*, 1873, 6 vol. in-8, demi-rel. mar. vert, dos et coins, tête dor., non rognés.

305. **Du Camp** (Maxime). Les Prisons pendant la Commune. *Paris, Hachette*, 1878, in-8, demi-rel. mar. vert, dos et coins, tête dor., non rogné.

306. **Ducis** (J.-F.). Œuvres. *Paris, Nepveu*, 1826, 4 vol. in-8, portr. et fig., demi-rel. mar. ch. violet, tr. jasp.

307. **Duclos** (Charles Pinot). Contes, avec une notice bibliographique par Octave Uzanne. *Paris, Quantin*, 1880, gr. in-8, portrait par Lalauze, demi-rel. mar. bleu, dos orné et coins, tête dor., non rogné. (*David*.)

308. **Du Deffand** (Mme). Correspondance inédite précédée d'une notice par M. de Sainte-Aulaire. *Paris, Michel Lévy*, 1859, 2 vol. in-8, demi-rel. v. fauve, dos et coins, non rognés.

309. **Dufour** (Pierre) (Paul Lacroix). Histoire de la prostitution chez tous les peuples, depuis l'antiquité la plus reculée jusqu'à nos jours. *Bruxelles, Périchon*, 1851-1853, 4 tomes en 2 vol. in-12, fig., demi-rel. mar. vert, tête dor., non rognés.

310. **Dugué** (Ferdinand). Le Vol des heures. Poésies. *Paris, Renduel*, 1839, in-8, demi-rel. mar. bleu, dos et coins, tête dor., non rogné. (*Amand.*)

311. **Dugué** (Ferdinand). Les Éclats d'obus. *Paris, Dentu*, 1871, in-12, demi-rel. mar. rouge, tête dor., non rogné.

312. **Dulorens**. Satires. Édition de 1646, contenant vingt-six satires, publiée par D. Jouaust et précédée d'une notice littéraire par E. Villemin. *Paris, Jouaust*, 1869, in-12, portr., mar. gris, milieu doré, tr. dor.

313. **Dureau-Delamalle**. Les Pyrénées. Poème précédé d'un voyage à Vignemale. *Paris, Giguet et Michaud*, 1808, in-18, demi-rel. mar. rouge, dos et coins, tête dor., non rogné.

314. **Duruy** (Victor). Histoire des Romains, depuis les temps les plus reculés jusqu'à l'invasion des Barbares. Nouvelle édition, revue, augmentée et enrichie d'environ 2500 gravures dessinées d'après l'antique et de 100 cartes ou plans. *Paris, Hachette*, 1879-1882, 4 vol. in-4, demi-rel. mar. vert, dos et coins, tête dor., non rognés.

315. **Du Tilliot**. Mémoires pour servir à l'Histoire de la fête des Foux, qui se faisoit autrefois dans plusieurs églises. *Lausanne et Genève*, 1751, in-12, fig., v. brun.

316. **Elwart**. Histoire de la Société des Concerts du Conservatoire impérial de musique. *Paris, Castel*, 1864, in-12, demi-rel., mar. rouge, non rogné.

317. **Elwart**. Histoire des Concerts populaires de musique classique. *Paris, Castel*, 1864, in-12, demi-rel. mar. ch. vert, non rogné.

318. **Encyclopediana**. Recueil d'anecdotes anciennes, modernes et contemporaines; nouvelle édition illustrée de 120 vignettes. *Paris, J. Laisné*, 1857, in-8, demi-rel. mar. brun, dos et coins, tête dor. non rogné.

319. **Érasme**. Éloge de la Folie, composé en forme de déclamation et trad. par M. Gueudeville. *Amsterdam, Fr. L'Honoré*, 1731, in-12, fig. d'après Holbein, bas.

320. **Érasme**. L'Éloge de la Folie, composé en forme de déclamation et traduit par M. Gueudeville avec les figures de Holbein. *Neuchatel, Sam. Fauche*, 1777, in-8, fig., demi-rel. mar. vert, dos et coins, tr. marb.

321. **Érasme**. Éloge de la Folie, traduit par Victor Develay et accompagné des dessins de Hans Holbein. *Paris, Jouaust*, 1876, in-8, demi-rel. mar. rouge, dos et coins, tête dor., non rogné.

322. **Érasme** Les Colloques, nouvellement traduits, par V. Develay et ornés de vignettes gravées à l'eau-forte par J. Chauvet. *Paris, Jouaust*, 1875. 3 vol. in-8. portr., demi-rel. mar. rouge, dos et coins, tête dor., non rognés.

323. **Esprit** (L') de Montaigne, ou les Maximes, pensées, jugements et réflexions de cet auteur, rédigés par ordre des matières. *Londres*, (*Cazin*), 1783, 2 vol. in-18, portr. v. éc., fil., tr. dor.

324. **Essai** bibliographique sur les éditions des elzevirs les plus précieuses et les plus recherchées, précédé d'une notice sur ces imprimeurs célèbres (par S. Bérard). *Paris, Firmin-Didot*, 1822, in-8, fig. — Catalogue des livres composant la bibliothèque de M. B*** Bérard). *Paris, Merlin*, 1829, in-8, avec les prix d'adjudication. Ensemble 2 parties en 1 vol. in-8. demi-rel. mar. citron, tr. marbr.

325. **Essai** sur la mégalanthropogénésie ou l'art de faire des enfants d'esprit qui deviennent de grands hommes. *Paris, Debray*, 1801. in-12, demi-rel. mar. rouge, dos et coins, tête dor., non rogné.

326. **Étincelle**. Carnet d'un mondain. Gazette parisienne, anecdotique et curieuse. Cent illustrations en noir et cinq planches en couleur composée par A. Ferdinandus. *Paris, Rouveyre*, 1881, in-8, cart., non rogné.

327. **Étrennes** de la Saint-Jean (par le comte de Maurepas, Montesquieu, de Caylus, etc.). *Troyes, Vve Oudot*, 1757, 2 parties en 1 vol. in-12, fig., v. marb.

328. **Études** sur l'Exposition de 1867, ou les Archives de l'industrie au XIXe siècle. Description générale, encyclopédique, méthodique et raisonnée de l'état actuel des arts, des sciences, de l'industrie et de l'agriculture chez toutes les nations, par les rédacteurs des *Annales du Génie civil*. *Paris, Lacroix, s. d.*, 8 vol. gr. in-8, de texte et 3 vol. d'atlas. Ensemble 11 vol. gr. in-8, v. fauv., fil., dent int., tr. dor (*Petit*.)

329. **Exposition** universelle de 1878. Les Beaux-Arts et les Arts décoratifs, par Ed. de Beaumont, Th. Biais, Edm. Bonnaffé, Ern. Chesneau, P. Mantz, etc., sous la direction de L. Gonse. *Paris, Gazette des Beaux-Arts*, 1879, 2 vol. in-4, fig. et eaux-fortes, demi-rel. mar. ch. brun, tête dor., non rognés.

330. **Exposition** des Beaux-Arts, Salons de 1880, 1881 et 1882. *Paris, Lud. Baschet*, 1880-82, 3 vol. gr. in-8, fig., demi-rel. mar. rouge. non rognés et brochés.

331. **Évangiles** des Quenouilles (Les). Nouvelle édition, revue sur les éditions anciennes et les manuscrits, avec préface, glossaire et tables analytiques. *Paris, P. Jannet*, 1855, in-16, mar. vert, fil., dent. int., tr. dor.

332. **Fables**, par Mme J. T***. *Marseille, Typographie Marius Olive*, 1872, pet. in-8, demi-rel. mar. rouge, dos et coins, tête dor., non rogné. (*Hardy*.)

333. **Fables** (par Van den Zande). *Paris, Typographie de Firmin-Didot*, 1849, in-12, cart., non rogné.

334. **Fabliaux** ou Contes du XIIe et du XIIIe siècles. Fables et Roman du XIIIe. Nouvelle édition, augmentée d'une dissertation sur les Troubadours par Le Grand. *Paris, Onfroy*, 1781, 4 vol. pet. in-12, v. éc., fil.

335. **Fameuse** (La) Comédienne ou Histoire de la Guérin, auparavant femme et veuve de Molière, réimpression conforme à l'édition de Francfort, 1688, accompagnée d'une préface et de notes par Jules Bonnassies. *Paris, Barraud*, 1870, gr. in-8, mar. citron, fil., dos orné, dent. intér., tête dor., non rogné.

Exemplaire tiré sur papier jaune.

336. **Faverolle** (de). Le Parc aux Cerfs, ou Histoire secrète des jeunes demoiselles qui y ont été renfermées. *Paris, Le Rouge-Wolf*, 1832, 4 vol. in-12, fig., demi-rel. mar. brun, non rognés.

337. **Félibien des Avaux**. Description de la nouvelle église de l'hostel royal des invalides. *Paris, J. Quillau*, 1706, 2 vol. in-12, pl., v. fauve.

338. **Fénelon**. Aventures de Télémaque, suivies des aventures d'A is-tonous. Deux notices par Poujoulat. Quatorze gravures à l'eau-forte par V. Foulquier. *Tours, Mame*, 1873, gr. in-8, demi-rel. mar. rouge, dos et coins, tête dor., non rogné.

339. **Fertiault** (F.). Histoire anecdotique et pittoresque de la danse, chez les peuples anciens et modernes. *Paris, Aug. Aubry*, 1854, in-18, demi-rel. cuir de Russie, tête dor., non rogné.

340. **Fertiault** (F.). Les Amoureux du livre. Sonnets d'un bibliophile, fantaisies, commandements du bibliophile, bibliophiliana, notes et anecdotes. Préface du bibliophile Jacob. Seize eaux-fortes par Jules Chevrier. *Paris, Claudin*, 1877, gr. in-8, pap. vergé, demi-rel. mar bleu, dos et coins, tête dor., non rogné. (*David*.)

341. **Fétis** (F.-J.). Biographie universelle des musiciens et bibliographie générale de la musique. 2e édition, entièrement refondue et augmentée de plus de moitié. *Paris, Firmin-Didot*, 1860, 8 vol. gr. in-8, demi-rel. mar. bleu, tête dor., non rognés.

342. **Feu Séraphin**. Histoire de ce spectacle depuis son origine jusqu'à sa disparition, 1776-1870. *Lyon, Scheuring*, 1875, in-8, pap. vergé, portr. et vign., demi-rel. mar. rouge, dos et coins, tête dor., non rogné. (*Hardy*.)

343. **Fielding**. David Simple, ou le Véritable ami. *Paris, Bastien et Cazin*, 1784, 2 vol. in-18, v. éc., fil., tr. dor.

344. **Fielding**. Tom Jones, ou l'Enfant trouvé. *Reims, Cazin*, 1784, 4 vol. in-18, v. éc., fil., tr. dor.

345. **Fielding**. Tom Jones, ou Histoire d'un Enfant trouvé. Traduction nouvelle et complète (par le comte de La Bédoyère), ornée de 12 gravures en taille-douce d'après Moreau. *Paris, Imprimerie de Firmin-Didot*, 1833, 4 vol. in-8, demi-rel. v. fauv., tr. jasp.

346. **Figuier** (Louis). Le Savant du foyer, ou Notions scientifiques sur les objets usuels de la vie. Ouvrage illustré de 224 figures sur bois. *Paris, L. Hachette*, 1864, gr. in-8, demi-rel. mar. ch. rouge, tr. dor.

347. **Figuier** (Louis). La Terre et les Mers, ou Description physique du globe. Ouvrage contenant 170 vignettes dessinées par Karl Girardet, Lebreton, etc. *Paris, L. Hachette*, 1864, gr. in-8, demi-rel. mar. ch. violet, tr. dor.

348. **Figuier** (Louis). La Terre avant le déluge. Ouvrage contenant 25 vues idéales des paysages de l'ancien monde, dessinées par Riou, 345 autres figures et 8 cartes géologiques coloriées. *Paris, L. Hachette*, 1864, gr. in-8, demi-rel. mar. ch. brun, tr. dor.

349. **Figuier** (Louis). Les grandes inventions anciennes et modernes dans les sciences, l'industrie et les arts. *Paris, Hachette*, 1865, gr. in-8, fig., mar. ch. vert, tr. dor.

350. **Figuier** (Louis). Histoire des Plantes. Ouvrage illustré de 415 figures dessinées par Faguet. *Paris, L. Hachette*, 1865, gr. in-8, demi-rel. mar. ch. bleu, tr. dor.

351. **Figuier** (Louis). La Vie et les Mœurs des animaux. Zoophytes et Mollusques. Volume illustré de 385 figures. *Paris, L. Hachette*, 1866, gr. in-8, demi-rel. mar. ch. vert, tr. dor.

352. **Figuier** (Louis). Les Insectes. Ouvrage illustré de 605 figures dessinées par Mesnel, et de 12 grandes compositions, par E. Bayard. *Paris, L. Hachette*, 1867, gr. in-8, demi-rel. mar. ch. vert, tr. dor.

353. **Figuier** (Louis). Les Merveilles de la Science, ou Histoire populaire des inventions modernes. *Paris, Furne, Jouvet et Cie*, 1867-1870, 4 vol. gr. in-8, fig., demi-rel. mar. ch. vert, tr. dor.

354. **Figuier** (Louis). Les Mammifères. Ouvrage illustré de 276 vignettes dessinées pour la plupart d'après l'animal vivant, par Bocourt, de Neuville, etc. *Paris, L. Hachette*, 1869, gr. in-8, demi-rel. mar. ch. vert, tr. dor.

355. **Figuier** (Louis). Les Poissons, les Reptiles et les Oiseaux. Ouvrage illustré de 400 fig. et de 24 grandes compositions, par A. Mesnel, A. de Neuville, etc. *Paris, L. Hachette*, 1869, gr. in-8, demi-rel. mar. ch. vert, tr. dor.

356. **Figuier** (Louis). L'Homme primitif. Ouvrage illustré de 39 scènes de la vie de l'homme primitif, composées par Émile Bayard et de 246 figures. *Paris, Hachette*, 1870, gr. in-8, demi-rel. mar. ch. rouge, tr. dor.

357. **Figuier** (Louis). Les Races humaines. Ouvrage illustré de 334 gravures sur bois et de 8 chromolithographies. *Paris, Hachette*, 1872, gr. in-8, demi-rel. mar. ch. rouge, tr. dor.

358. **Figures** de l'Histoire de France. *A Paris, de l'Imprimerie de Monsieur*, 1790, in-4, demi-rel. mar. vert, non rogné.

161 planches gr. par Moreau le jeune et Monnet.

359. **Fleurs animées** (Les), par J.-J. Grandville. Introduction par Alph. Karr. Texte par Taxile Delord. *Paris, Gabriel de Gonet*, 1847, 2 parties en 1 vol. gr. in-8, fig. coloriées, demi-rel. mar. ch. bleu, tr. jasp.

Manque : le titre du tome Ier et les deux faux-titres.

360. **FLORE DES SERRES ET DES JARDINS** de l'Europe ou Descriptions et figures des plantes les plus rares et les plus méritantes, par Ch. Lemaire et L. Van Houtte. *Gand, L. Van Houtte*, 1845-1880, 23 vol. gr. in-8, pl. col., demi-rel. mar. ch. brun, tr. jasp.

361. **Florian** (de). Théâtre. *Paris, Imprimerie de Didot l'aîné*, 1786, 3 vol. in-18, fig. d'après Queverdo, v. éc., fil., tr. dor.

362. **Florian**. Fables, illustrées par Victor Adam. *Paris, Delloye, Desmé et Cie*, 1838, gr. in-8, mar. ch. violet, tr. dor.

Exemplaire de premier tirage.

363. **Florian**. Fables, illustrées par J.-J. Granville, suivies de Tobie et de Ruth, et précédées d'une notice sur la vie et les ouvrages de Florian, par P.-J. Stahl. *Paris, Dubochet*, 1842, gr. in-8, mar. bleu, fil., dos orné, dent. int., tr. dor. (*Chambolle-Duru.*)

Exemplaire de premier tirage.

364. **Folleculus**. Poème en quatre chants, par M. L*** (Luce de Lancival). *Paris, Laurent*, 1812, in-8, demi-rel. mar. rouge, dos et coins, tête dor., non rogné.

365. **Fond** (Le) du Sac ou Recueil de contes en vers et en prose et de pièces fugitives (par F. Nogaret). *Paris, Leclerc*, 1866, in-8, front. et vignettes, demi-rel. mar. rouge, dos et coins, tête dor., non rogné.

366. **Fontenelle**. Entretiens sur la pluralité des mondes, par l'autheur des Dialogues des morts. *Amsterdam, P. Mortier*, 1687, pet. in-12, v. fauv., fil., dos orné, tr. dor. (*Petit.*)

367. **Fontenelle**. Entretiens sur la pluralité des mondes, précédés de l'Astronomie des dames, par J. de Lalande. *Paris, Janet et Cotelle*, 1820, in-8, v. fauv., fil., dos orné, tr. dor.

368. **Fournier** (Ed.) et **F. Michel**. Histoire des hôtelleries, cabarets, courtilles, etc. *Paris, Delahays*, 1859, 2 vol. gr. in-8, fig., demi-rel. mar. ch. bl., tête dor., non rognés.

369. **Fournier** (Édouard). La Comédie de J. de La Bruyère. *Paris, Dentu*, 1866, 2 vol. in-12, demi-rel. mar. rouge, dos et coins, tête dor., non rognés.

370. **Français** (Les peints par eux-mêmes. Encyclopédie morale du XIXe siècle. *Paris, L. Curmer*. 1840-1842, 8 vol. gr. in-8, fig. — Le Prisme. Illustré par Daumier, Gavarni, etc. *Paris, L. Curmer*, 1841, gr. in-8, fig. Ensemble 9 vol. gr. in-8, demi-rel. mar. ch. vert, tr. jasp.

371. **Franck**. Dictionnaire des sciences philosophiques. *Paris, Hachette*, 1875. 2 vol. gr. in-8, demi-rel. mar. ch. vert, dos et coins, tête dor., non rognés.

372. **Frédol** (Alfred). Le Monde de la mer, illustré de 22 planches tirées en couleur, de 14 panches en noir. tirées à part et de 320 vignettes. *Paris, L. Hachette*, 1866, gr. in-8, demi-rel. mar. ch. bleu, tr. dor.

373. **Froissart** (J.). Les Chroniques. Édition abrégée, avec texte rapproché du français moderne, par Mme de Witt, née Guizot. Ouvrage contenant 11 planches en chromolithographie, 12 lettres et titres imprimés en couleur, 2 cartes, 33 grandes compositions tirées en noir et 252 gravures d'après les monuments et les manuscrits de l'époque. *Paris, Hachette et Cie*, 1881, gr. in-4, demi-rel. mar. rouge, dos et coins, non rogné.

L'un des 10 exemplaires tirés sur papier de Chine.

374. **Fromentin** (Eugène). Sahara et Sahel. I. Un Été dans le Sahara. II. Une année dans le Sahel. Édition illustrée de 12 eaux-fortes par Le Rat, Courtry et Rajon, d'une héliogravure et de 45 gravures en relief d'après les tableaux, les dessins et les croquis d'Eugène Fromentin. *Paris, Plon*, 1879, 2 vol. in-4, fil. à la Du Seuil, dos ornés, dent. int., tr. dor. (*David*.)

L'un des 50 exemplaires tirés sur papier Whatman, contenant la suite des figures en quatre états.

375. **Furetière** (Ant.). Essais d'un dictionnaire universel, contenant tous les mots français tant vieux que modernes, etc. *Amsterdam, H. Desbordes*, 1687, in-12, vél. bl.

376. **Furetière**. Le Roman bourgeois, nouvelle édition revue et corrigée. *Nancy, J.-B. Cusson*, 1712, in-12, front., gr. v. brun.

A. 3

377. **Galerie** de MM. Péreire. Catalogue des tableaux anciens et modernes des diverses écoles. *Paris*, 1872, gr. in-8, pap. de Hollande, demi-rel. mar. rouge, dos et coins, tête dor., non rogné.

46 planches gravées à l'eau-forte.

378. **Galerie** des Artistes anglais depuis Hogarth jusqu'à nos jours ou Suite de 288 gravures de leurs productions les plus estimées, gravées au trait par G. Hamilton. *Paris, Baudry*, 1837, 4 vol. in-12, cart., non rognés.

379. **Galerie** historique des portraits des Comédiens de la troupe de Molière, gravés à l'eau-forte, sur des documents authentiques, par Frédéric Hillemacher. Avec des détails biographiques succints relatifs à chacun d'eux. *Lyon, Scheuring*, 1869, in-8, demi-rel. mar. bleu, dos ornés et coins, tête dor., non rogné.

380. **Gantez** (Le S^r^). L'Entretien des Musiciens, publié d'après l'édition rarissime d'Auxerre, 1643, avec préface, notes et éclaircissements, par Ern. Thoinan. *Paris, Claudin*, 1878, in-8, front. gravé, demi-rel. mar. vert, dos orné et coins, tête dor., non rogné. (*David*).

L'un des 100 exemplaires tirés sur papier de Hollande, avec 4 épreuves du frontispice avant et avec la lettre.

381. **Garcilasso de la Vega**. Histoire des Yncas, rois du Pérou, traduite de l'espagnol (par J. Baudouin), avec l'histoire de la conquête de la Floride par le même auteur. *Amsterdam, J.-F. Bernard*, 1737, 2 vol. in-4°, fig. de B. Picard, v. brun.

382. **Garcin**. Le Nouveau Dictionnaire provençal-français, contenant les termes des différentes régions de la Provence, et précédé d'un abrégé de grammaire provençale-française. *Marseille Vve Roche*, 1823, in-8, demi-rel. v. fauv., non rogné.

383. **Garde** (Reine), couturière à Aix-en-Provence. Essais poétiques. *Paris, Garnier*, 1851, in-12, demi-rel. mar. vert, non rogné.

384. **Gautier** (Théophile). Histoire de l'Art dramatique en France, depuis vingt-cinq ans, *Paris, Hetzel*, 1858-1859, 6 vol. in-12, demi-rel. mar. rouge, dos ornés, tête dor., non rognés.

385. **Gautier** (Théophile). Poésies complètes. *Paris, Charpentier*, 1860, in-12, demi-rel. mar. ch. violet, tr. jasp.

386. **Gautier** (Théophile). Émaux et Camées. 2e édition augmentée. *Paris, Poulet-Malassis et de Broise*, 1858, in-12, mar. ch. violet, tr. jasp.

Manque le frontispice.

387. **Gautier** (Théophile). Celle-ci et Celle-là. *Lucerne*, 1864, pet. in-12, pap. de Hollande, mar. vert, tête dor., non rogné.

388. **Gautier** (Théophile). Le Capitaine Fracasse. *Paris, Charpentier*, 1864, 2 vol. in-12, mar. ch. rouge, tr. jasp.

389. **Gautier** (Théophile). Voyage en Russie. *Paris, Charpentier*, 1867, 2 vol. in-12, demi-rel. mar. vert, tête dor., non rognés.

Édition originale.

390. **Gautier** (Théophile). Ménagerie intime. *Paris, Lemerre*, 1869, in-12, pap. teinté, demi-rel. mar. rouge, tête dor., non rogné. (*Allô.*)

Édition originale.

391. **Gautier** (Théophile). Théâtre. Mystère. Comédies et Ballets. *Paris, Charpentier*, 1872, in-12, demi-rel. mar. bleu, dos orné, tête dor., non rogné.

Édition originale.

392. **GAUTIER** (Théophile). **L'ELDORADO**, ou Fortunio. Publié sur l'édition originale. *Paris, Imprimé pour les Amis des Livres par Motteroz*, 1880, gr. in-8, mar. citron, fil., dos orné, dent. int., tr. dor. (*Chambolle-Duru.*)

L'un des 115 exemplaires tirés pour la Société des Amis des Livres, contenant les eaux-fortes de *Milius*, vignettes d'*Avril* en double état, tirées sur papier du Japon et sur papier vélin, 27 fleurons, 27 culs-de-lampe et 27 lettres ornées en double état, noir et bistre, tirés sur papier de Chine volant.

393. **Gautier** (Théophile). Italia. *Paris, Hachette*, 1855, in-12. — Le Roman de la Momie. *Paris, Hachette*, 1859, in-12. — Mademoiselle de Maupin. *Paris, Charpentier*, 1861, in-12. — Jean et Jeannette. Les Roués innocents. *Paris, Hachette*, 1863, in-12. — Militona. *Paris, Hachette*, 1865, in-12. — Constantinople. *Paris, Michel Lévy*, 1865, in-12. — Les Jeunes France. Romans goguenards. *Paris, Charpentier*, 1873, in-12. Ensemble 7 vol. in-12, demi-rel. mar. bleu, tête dor., non rognés.

394. **Génin** (F.). Récréations philologiques, ou Recueil de notes pour servir à l'histoire des mots de la langue française. *Paris, Chamerot*, 1856, 2 vol. in-8, demi-rel. mar. vert, dos et coins, tête dor., non rognés.

395. **Genlis** (Mme de). Arabesques mythologiques, ou les attributs de toutes les divinités de la fable, en 54 planches gravées. *Paris, Ch. Barrois*, 1810-1811, 2 vol. in-12, v. rac.

396. **Genlis** (Mme de). Mademoiselle de Clermont. Nouvelle historique. *Paris, Maradan*, 1813, in-32, fig. de Desenne, mar. vert, fil., dos orné, tr. dor. (*Thouvenin.*)

397. **Géographie** ancienne. Recueil de 2 frontispices et de 59 cartes dessin. par Johann. Degler, grav. par Léonhard Heckenauer. *S. l.*, 1698-1700, in-4, demi-rel. mar. rouge, dos et coins, non rogné.

398. **Gérard de Nerval**. Voyage en Orient. *Paris, Charpentier*, 1851, 2 vol. in-12, demi-rel. mar. brun, tête dor., non rognés.

399. **Germanum** (Joan). Historia bravissima Caroli Quinti imperatoris a provincialibus paysanis triumphanter fugati et desbifati. *Marseille, V. Boy*, 1866, pet. in-8, mar. vert, dos et coins, tête dor., non rogné.

400. **Gessner** (Salomon). Recueil de 336 planches composées pour les Œuvres. *Zurich*, 1802, in-fol., demi-rel. mar. rouge, dos et coins, non rogné.

401. **Gidel** (Charles). Histoire de la littérature française, depuis son origine jusqu'à la Renaissance. *Paris, Lemerre*, 1875, pet. in-12, demi-rel. mar. rouge, dos orné et coins, tête dor., non rogné. (*Hardy*.)

Exemplaire tiré sur papier de Chine.

402. **Giron** (Aimé) La Maison de Nazareth, légende, compositions et dessins par M. Vierge. *Paris, P. Ducrocq*, 1874, in-4, fig. cart., non rogné.

403. **Glatigny** (Albert). Poésies. Les Vignes folles. — Les Flèches d'or. — Le Bois. *Paris, Lemerre*, 1870, in-12, demi-rel. mar bleu, tête dor., non rogné.

404. **Glatigny** (Albert). Rouen, 1431-1870. *Paris, Lemerre*, 1871, in-12, demi-rel., mar. rouge, tête dor., non rogné.

405. **Glatigny** (Albert). La Presse nouvelle. *Paris, Lemerre*, 1872, pet. in-12, demi-rel. mar. rouge. tête dor., non rogné.

406. **Goethe**. Le Renard, traduit par Ed. Grenier, illustré par Kaulbach. *Paris, Hetzel, s. d.*, gr. in-8, demi-rel mar. brun, dos et coins, non rogné.

407. **Goldsmith.** Le Vicaire de Wakefield (The Vicar of Wakefield), traduit en français avec le texte anglais en regard, par Charles Nodier. *Paris, Bourgueleret*, 1838, gr. in-8, fig., demi-rel. mar. ch. vert, tr. dor.

408. **Goldsmith** (Lewis). Histoire secrète du cabinet de Napoléon Buonaparte et de la cour de Saint-Cloud. *Londres et Paris*, 1814, 2 tomes en 1 vol. in-8, demi-rel. mar. rouge, tr. jasp.

409. **Goncourt** (Edmond et Jules de). Les Maîtresses de Louis XV (lettres et documents inédits). *Paris, Didot*, 1860, 2 tomes en 1 vol. in-8, demi-rel. mar. bleu, tête dor., non rogné.

410. **Goncourt** (Edmond et Jules de). L'Art au dix-huitième siècle. *Paris, Rapilly*, 1873, 2 vol. gr. in-8, demi-rel. mar. rouge, dos ornés et coins, tête dor., non rognés. (*Smeers*.)

411. **Gouffé** (Jules). Le Livre de cuisine, comprenant la cuisine de ménage et la grande cuisine, avec 25 planches imprimées en chromolithographie et 161 vignettes sur bois. *Paris, Hachette*, 1867, gr. in-8, cart., non rogné.

412. **Grafigny** (Mme de). Œuvres choisies, augmentées des Lettres d'Aza. *Londres (Cazin)*, 1783, 2 vol. in-18, portr. gr. v. éc., fil., tr. dor.

413. **Grammaire** française expliquée au moyen de la langue provençale. *Marseille, Camoin*, 1826, in-8, demi-rel. bas., tr. jasp.

414. **Grandet** (Léon). Donamiel. Poème avec une eau-forte de Léopold Flameng. *Paris, Faure*, 1866, pet. in-8 carré, pap. vergé, demi-rel. v. fauv., dos et coins. tête dor., non rogné.

Envoi autographe de l'auteur à Sainte-Beuve.

415. **Grandville**. Un autre monde. Transformations, visions, incarnations. Excursions, stations, etc. Texte par Taxile Delord. *Paris, H. Fournier*, 1844, gr. in-8, demi-rel. mar. vert, tr. jasp.

416. **Grandville**. Cent Proverbes. *Paris, H. Fournier*, 1845, gr. in-8. demi-rel. mar. rouge, dos et coins, tête dor., non rogné.

417. **Grenier** (Édouard). Petits Poèmes. *Paris, Charpentier*, 1859, in-12, demi-rel. mar. ch. violet, tr. jasp.

418. **Gresset**. Œuvres. *Londres, Édouard Kelmarneck*, 1782, 2 vol. in-18, front. de Marillier, gravé par Delaunay, demi-rel. mar. vert, tête dor., non rognés.

419. **Gretry** (André). Roses et Pensées ou Contes, fables, épigrammes, chansons et autres poésies fugitives. *Paris, Caillot*, 1805, in-18, front. gr., mar. bleu, fil., dent. intér., dos orné, tête dor., non rogné.

420. **Grille** (Fr.). Le bric-à-brac, avec son catalogue raisonné. *Paris, Ledoyen*, 1853, 2 tomes en 1 vol. in-12, demi-rel. v. fauv., tête dor., non rogné.

421. **Guéranger** (Dom), abbé de Solesmes. Sainte Cécile et la société romaine aux deux premiers siècles. Ouvrage contenant 2 chromolithographies. 5 planches en taille-douce et 250 gravures sur bois. *Paris, Firmin-Didot*, 1874, in-4, demi-rel. mar. ch. rouge, tr. dor.

422. **Guérin** (Maurice de). Journal, lettres et poèmes. *Paris, Didier*, 1868, in-12. — Guérin (Eugénie de). Journal et fragments. Lettres. *Paris, Didier*, 1869-1870, 2 vol. in-12. Ensemble, 3 vol. in-12, demi-rel. mar. ch. violet, tr. jasp.

423. **Guérin de Litteau** (Hippolyte). Poésies. Mélodies. *Paris, Aug. Fontaine*, 1856, in-12, demi-rel. mar. rouge, dos orné, tête dor., non rogné.

424. **Gueullette** (Thomas-Simon). Les Fausses envies. Parade inédite (1740), précédée d'une préface par Charles Gueullette. *Paris, Librairie des Bibliophiles*, 1878, in-12, front. gr., demi-rel. mar. citron, dos orné et coins, tête dor., non rogné.

425. **Guiffrey** (Jules). Antoine Van Dyck, sa vie et son œuvre. *Paris, Quantin*, 1882, in-fol., fig., cart., non rogné.

426. **Guigard** (Joannis). Armorial du Bibliophile, avec illustrations dans le texte. *Paris, Bachelin-Deflorenne*, 1870-1873, 2 tomes en 1 vol. gr. in-8, cart., non rogné.

427. **Guillemin** (Amédée). Le Ciel. Notions d'astronomie à l'usage des gens du monde et de la jeunesse. Ouvrage illustré de 40 grandes planches, dont 12 tirées en couleurs et de 185 vignettes. *Paris, L. Hachette*, 1865, gr. in-8, demi-rel. mar. ch. rouge, tr. dor.

428. **Guinot** (Eugène). L'été à Bade, illustré par Tony Johannot, Eug. Lami, Français, etc. *Paris, Furne, s. d.*, gr. in-8, demi-rel. mar. rouge, dos et coins, tête dor., non rogné.

429. **Guiraud** (Alexis). Poèmes et chants élégiaques, orné de jolies gravures. *Paris, Boulland*, 1824, pet. in-12, demi-rel. mar. bleu, non rogné.

430. **Guizot**. L'Histoire de France, depuis les temps les plus reculés jusqu'en 1789, racontée à mes petits-enfants. Illustrations par Alph. de Neuville. *Paris, Hachette*, 1872-1876, 5 vol. gr. in-8, demi-rel. mar. bleu, dos et coins, tête dor., non rognés.

431. **Guizot**. L'Histoire d'Angleterre, depuis les temps les plus reculés jusqu'à l'avènement de la reine Victoria, racontée à mes petits-enfants. *Paris, Hachette*, 1877-1878, 2 vol. gr. in-8, fig., demi-rel. mar. vert, dos et coins, tête dor., non rognés. (*David*.)

432. **Guimble** (Thomas). La Vie du général Monk, duc d'Albemarle, etc., le restaurateur de Sa Majesté Britannique Charles Second. *A Londres, chez Robert Scot*, 1672, pet. in-12, portr., vél.

433. **Hamilton**. Contes, publiés avec une Notice de M. de Lescure. I. Le Bélier. *Paris, Librairie des Bibliophiles*, 1873, in-12, demi-rel. mar. rouge, dos orné et coins, tête dor., non rogné. (*Hardy*.)

L'un des 25 exemplaires tirés sur papier de Chine.

434. **Havard** (Henry). Histoire de la faïence de Delft; ouvrage enrichi de 25 planches hors texte et de plus de 400 dessins fac-similés, chiffres, etc., dans le texte, par Léopold Flameng et Charles Goutzwiller. Chromolithographiés, par Lemercier. *Paris, Plon*, 1878, in-4, demi-rel. mar. ch. brun, dos et coins, tête dor., non rogné.

435. **Heilly** (Georges d') (Edmond Poinsot). Dictionnaire des Pseudonymes. 2e édition, entièrement refondue et augmentée. *Paris, Dentu*, 1869, in-12, demi-rel. mar. rouge, tête dor., non rogné.

Envoi autographe de l'auteur.

436. **Heine** (Henri). Œuvres complètes : Poëmes et Légendes. — Drames et Fantaisies. — Reisebilder, *Paris, Michel Lévy*, 1864-1865, 4 vol. in-12, demi-rel. mar. ch. vert, tr. jasp.

437. **Hennet**. Fables pour l'enfance, dédiées à S. A. R. Mademoiselle. *Paris, Delaunay et Ponthieu*, 1824, pet. in-12, mar. rouge, dent., tr. dor.

438. **Herculanum** et Pompéi. Recueil général de peintures, bronzes, mosaïques, etc., découverts jusqu'à ce jour, gravés au trait sur cuivre, par Roux aîné et Adr. Bouchet, accompagné d'un texte explicatif par L. Barré. *Paris, Firmin-Didot*, 1863, 8 vol. in-4, cart., non rognés.

439. **Histoire** critique de Jésus-Christ ou Analyse raisonnée des Evangiles (par le baron d'Holbach). *S. l. n. d.*, 2 tomes en 1 vol. in-12, demi-rel. mar. noir, non rogné.

440. **Histoire** d'Angleterre, représentée par figures, accompagnées de Discours. Les figures gravées par François-Anne David, le discours par Le Tourneur et Guizot. *Paris, l'auteur*, 1784-1800, 3 vol. in-4, cart., non rognés.

441. **Histoire** de Russie, représentée par figures, accompagnées d'un Précis historique. Les figures gravées par F.-A. David, d'après les dessins de Monet. Le discours par Blin de Sainmore. *Paris, de l'imprimerie de Boiste*, 1797-1799, 2 vol. in-4, pap. vélin, cart., non rognés.

442. **Histoire** de Jules César (par Napoléon III). *Paris, Plon*, 1865-1866, 2 vol. gr. in-8, demi-rel. mar. vert, tête dor., non rognés.

443. **Histoire** de Gérard de Nevers et de la belle Euriant, sa mie, par Tressan, édition ornée de figures, par Moreau le jeune. *Paris, Didot jeune* 1792, in-18, demi-rel., dos et coins, tête dor., non rogné.

444. **Histoire** du petit Jehan de Saintré et de la dame des Belles-Cousines, extraite de la Chronique de ce nom par de Tressan, édition ornée de figures, en taille-douce, par Moreau le jeune. *Paris, Didot jeune*, 1791, in-18, demi-rel. mar. rouge, dos et coins, tête dor, non rogné.

445. **Histoire** et Cronicque du petit Jehan de Saintré et de la jeune dame des Belles-Cousines sans aultre nom nommer, collationnée sur les manuscrits de la Bibliothèque royale et sur les éditions du XVIe siècle. *Paris, Firmin-Didot*, 1830, in-8, cart., non rogné.

446. **Histoire** maccaronique de Merlin Coccaie prototype de Rabelais, avec des notes et une notice par G. Brunet et P.-L. Jacob. *Paris, Delahays*, 1859, in-12, demi-rel. mar. bleu, tr. jasp.

447. **Histoire** secrète de la cour de Berlin, ou Correspondance d'un voyageur français, depuis le mois de juillet 1786, jusqu'au 19 janvier 1787. Ouvrage posthume (par le comte de Mirabeau). *S. l.* (*Alençon, Malassis le jeune*), 1789, 2 vol. in-8, v. granit, fil., tr. jasp.

448. **Homère.** L'Iliade et l'Odyssée, avec des remarques, des réflexions sur Homère et sur la traduction des Poètes, par J. Bitaubé. *Paris, Dentu*, 1810, 6 vol. in-8, demi-rel., mar. ch. vert, tr. jasp.

449. **Hooge** (Romeyn de). L'Académie de l'art admirable de la lutte, représentée en figures avec des instructions claires et familières. *Amsterdam, J. Jansson*, 1674, in-4, vél. bl.

Texte en hollandais. Belles épreuves des 71 figures gr. par Romeyn de Hooge.

450. **Hopital** (L') des Fous, traduit de l'anglois (de G. Walsh par de la Flotte). *Paris, Seb. Jorry*, 1764. — Réponse de Valcour à Zeïla. *Paris, Seb. Jorry*, 1766. Lettre de Caïn après son crime à Mehala son épouse. *Paris, Seb. Jorry*, 1765. — Lettre de Caton d'Utique à César. *Paris, Lambert*, 1766, 4 parties en 1 vol. in-8, fig. d'Eisen, demi-rel. mar. rouge, dos et coins, tête dor.

451. **Horatii Flacci** Opera cum novo commentario ad modum Joan. Bond. *Parisiis Didot*, 1855, in-12, demi-rel. mar. brun, dos et coins, tête dor., non rogné.

452. **Horace.** Œuvres, traduction nouvelle par J. Janin. *Paris, Hachette*, 1861, in-12, demi-rel. mar. vert, dos et coins, tête dor., non rogné.

453. **Horace.** Traduction en vers par le comte Siméon. *Paris, Librairie des Bibliophiles*, 1873, 3 vol. in-8, vignettes, mar. rouge, fil., dos ornés, dent. intér., tr. dor. (*Hardy*.)

454. **Houdenc** (Raoul de). Meraugis de Portlesguez, roman de la Table ronde, publié pour la première fois par H. Michelant. Avec fac-similé des miniatures du manuscrit de Vienne. *Paris, Tross*, 1869, gr. in-8, demi-rel. mar. bleu, dos et coins, tête dor., non rogné. (*David*.)

455. **Houdoy** (J.). La Beauté des femmes dans la littérature et dans l'art du XIIe au XVIe siècle. *Paris, A. Aubry*, 1876, gr. in-8, demi-rel. mar. rouge, dos et coins, tête dor., non rogné.

456. **Houssaye** (Arsène). Les Cent et un sonnets. Gravures et eaux-fortes. *Paris, Librairie à estampes*, s. d., in-4, pap. vergé, demi-rel. mar. rouge, dos et coins, tête dor., non rogné.

457. **Houssaye** (Arsène). Voyage à Venise. *Paris, Sartorius*, 1850, in-12, demi-rel. v. fauv., dos et coins, tête dor., non rogné.

458. **Houssaye** (Arsène). Voyage à ma fenêtre. *Paris, Victor Lecou*, s. d., (1851), gr. in-8, fig., demi-rel. mar. ch. bleu, tr. dor.

459. **Houssaye** (Arsène). La Vertu de Rosine. Roman philosophique. *Paris, Didier*, 1852, in-16, demi-rel. v. fauve.

460. **Houssaye** (Arsène). Les femmes comme elles sont. *Paris, Michel Lévy*, 1857, in-12, demi-rel. mar. ch. violet, dos et coins, tête dor., non rogné.

461. **Houssaye** (Arsène). Œuvres poétiques. L'Amour. — L'Art. — La Nature. *Paris, Hachette*, 1857, in-12, demi-rel. mar. ch. rouge, tr. jasp.

462. **Houssaye** (Arsène). Le roi Voltaire. *Paris, Plon*, 1860, gr. in-8, portr., demi-rel. mar. ch. rouge, tr. jasp.

463. **Houssaye** (Arsène). Mademoiselle de La Vallière et Madame de Montespan. Études historiques sur la cour de Louis XIV. *Paris, Plon*, 1860, gr. in-8, front., demi-rel. v. fauve, tête dor., non rogné.

464. **Houssaye** (Arsène). Princesses de Comédie et Déesses d'Opéra. Portraits, camées, profils, silhouettes. *Paris, Plon*, 1860, gr. in-8, front., demi-rel. v. fauve, dos et coins, tête dor., non rogné.

465. **Houssaye** (Arsène). La Symphonie des vingt ans. Poèmes et Sonnets. *Paris, Plon*, 1867, gr. in-8, fig., demi-rel. mar. bleu, dos orné, tête dor., non rogné.

466. **Houssaye** (Arsène). Notre-Dame de Thermidor, histoire de Madame Tallien. *Paris, Plon*, 1867, gr. in-8, portr., demi-rel. mar. rouge, dos et coins, tête dor., non rogné.

467. **Houssaye** (Arsène). Les Grandes Dames. Édition illustrée de vingt gravures sur acier. *Paris, Dentu, s. d.*, gr. in-8, demi-rel. mar. orange, dos orné et coins, tête dor., non rogné. (*Hardy*.)

468. **Hubner** (Baron de). Promenade autour du monde, 1871. *Paris, Hachette*, 1873, 2 vol. in-8, demi-rel. mar. rouge, tête dor., non rognés.

469. **Hubner** (Baron de). Promenade autour du monde, 1871. Cinquième édition illustrée de 316 gravures dessinées sur bois par nos plus célèbres artistes. *Paris, Hachette et Cie*, 1877, gr. in-4, demi-rel. mar. ch. rouge, tr. dor.

470. **Hugo** (Victor). Œuvres. *Paris, L. Hachette*, 1867, 20 vol. in-12, demi-rel. mar. ch. rouge, tr. jasp.

471. **Hugo** (Victor). Notre-Dame de Paris. Édition illustrée d'après les dessins de MM. E. de Beaumont, L. Boulanger, Daubigny, T. Johannot, de Lemud, Meissonier, C. Roqueplan, de Rudder, etc. *Paris, Perrotin*, 1844, gr. in-8, mar. bl. fil., dent. int., tr. dor. (*Chambolle-Duru*.)

472. **HUGO** (Victor). **LES ORIENTALES,** d'après l'édition originale, illustrées de 8 compositions de MM. Gérôme et Benjamin Constant, gravées par de Los Rios. *Paris, Imprimé pour les Amis des livres par G. Chamerot*, 1882, in-4, br.

Bel exemplaire imprimé sur papier du Japon contenant les figures épreuves en double état.

473. **Hugo** (Victor). Les Quatre Vents de l'Esprit. *Paris, Hetzel et Quantin*, 1881, 2 vol. gr. in-8, brochés.

Édition originale.

474. **Hurtado de Mendoza**. Aventures de Lazarilles de Tormès, suite de 2 figures dessinées et gravées par Ricardo de Los Rios. *Paris, Rouquette, s. d.*, in-4, en feuilles.

Épreuves avant la lettre tirées sur papier grand Japon impérial.

475. **Illustration** (L') horticole. Journal spécial des serres et des jardins, rédigé par Ch. Lemaire, de l'origine 1854 à 1886. *Gand, Gyselinck*. 1854-1886, 33 tomes en 19 vol., gr. in-8, pl. col., demi-rel. mar. ch., tr. jasp.

Manque l'année 1857.

476. **Illustration** (L') nouvelle, par une société de peintres-graveurs à l'eau-forte. Première à douzième année. *Paris, Cadart et Luce*, 1868-1880, 12 tomes en 6 vol. in-fol., demi-rel. mar. ch. vert, non rognés.

Contient 553 eaux-fortes.

477. **Imirce**, ou la Fille de la Nature (par l'abbé du Laurens). *Londres, Cazin*, 1782, 2 vol. in-18, v. éc., fil., tr. dor.

478. **Imitatione** (De). Libri quatuor. *Impressum Parisiis cura Edw. Tross*, 1858, in-64, fig., mar. rouge, mosaïque de mar. vert et bleu, arabesques et feuillages, tr. dor.

Édition imprimée en caractères microscopiques.

479. **Imitation** de Jésus-Christ, traduction inédite du XVIIIe siècle, avec le texte latin en regard, publiée par Ad. Hatzfeld. *Paris, Ad. Leclère*, 1870, gr. in-8, fig., mar. brun, jans., dent. intér., tr. dor.

480. **Jacob** (P.-L.). Les Courtisanes de la Grèce, d'après les auteurs grecs et latins. *Nice, Gay et fils*, 1872, pet. in-12, pap. vergé, demi-rel. mar. rouge, dos et coins, tête dor., non rogné. (*Hardy*.)

481. **Jacque** (Charles). Collection de 47 eaux-fortes dessinées et gravées. *Paris, Cadart*, 1864-1865, in-fol. en feuilles.

482. **Jacquemont** (V.). Correspondance avec sa famille et ses amis, pendant son voyage dans l'Inde (1828-1832). *Paris, Garnier*, 1841. 2 vol. in-12, demi-rel. mar. noir, tr. jasp.

483. **Jacquemont** (V.). Correspondance inédite avec sa famille et ses amis, précédée d'une notice biographique et d'une introduction par Pr. Mérimée. *Paris, Michel Lévy*, 1867, 2 vol. in-8, portr., demi-rel. mar. rouge, dos et coins, tête dor., non rognés.

484. **Jammabos** (Les), ou les Moines japonais. Tragédie dédiée aux mânes de Henri IV, et suivie de remarques historiques (par Fenouillot de Falbaire). *S. l.*, 1779, in-8, v. fauv., fil., tr. dor.

485. **Janin** (Jules). Œuvres diverses, publiées sous la direction de M. Albert de la Fizelière. Avec eaux-fortes par E. Hédouin. *Paris, Librairie des Bibliophiles,* 1876-1878, 12 vol. in-12, demi-rel., mar. rouge, dos et coins, tête dor., non rognés. (*David.*)

486. **Janin** (Jules). Voyage en Italie. *Paris, Bourdin,* 1839, gr. in-8, fig., mar. ch. rouge, tr. dor.

Première édition.

487. **Janin** (Jules). Les Symphonies de l'hiver, illustrations de Gavarni. *Paris, Morizot,* 1858, gr. in-8, cart., non rogné.

488. **Janin** (Jules). Rachel et la Tragédie. Ouvrage orné de dix photographies représentant Mlle Rachel dans ses principaux rôles. *Paris, Amyot,* 1859, gr. in-8, mar. vert, fil., dos orné, dent, int., tête dor., non rogné. (*David.*)

Armoiries sur les plats. Exemplaire avec les photographies coloriées et rehaussées d'or.

489. **Janin** (Jules). Béranger et son temps. *Paris, Pincebourde,* 1866, 2 vol. in-12, portr. demi-rel. mar. ch. violet, tête dor., non rognés.

490. **Janin** (Jules). Les Amours du Chevalier de Fosseuse. *Paris, J. Miard,* 1867, in-12, pap. vélin, demi-rel. mar. bleu, tête dor., non rogné.

491. **Janin** (Jules). Le Livre. *Paris, Plon,* 1870, gr. in-8, demi-rel. mar. ch. rouge, tête dor., non rogné.

492. **Jardin** (Le) des Roses de la Vallée des larmes, traduit du latin, par J. Chenu. *Paris, Panckoucke,* 1850, in-12, mar. ch., non rogné.

493. **Jauffret** (L.-F.). Fleurs de Provence, recueillies et publiées par Robert Reboul. *Avignon, Roumanille,* 1875, in-8, pap. de Hollande, demi-rel. mar. vert, dos et coins, tête dor., non rogné. (*Allô.*)

494. **Jean** (Frère). Du Neuf et du Vieux. Contes et Mélanges. Étrennes aux délicats, avec frontispice à l'eau-forte. *Bruxelles, Blanche,* 1873, in-12, pap. de Hollande, demi-rel. mar. bleu, dos et coins, tête dor., non rogné. (*Hardy*).

495. **Joinville** (Jean, sire de). Histoire de saint Louis, Credo et lettre à Louis X. Texte original, accompagné d'une traduction par Natalis de Wailly. *Paris, Firmin-Didot,* 1874, gr. in-8, fig. et fac-similé, demi-rel. mar. rouge, dos et coins, tête dor., non rogné.

496. **JOURNAL DE L'EXPÉDITION** des Portes de Fer, rédigé par Ch. Nodier, illustrations par Raffet, Dauzats et Decamps. *Paris, Imprimerie royale,* 1844, gr. in-8, cart., non rogné.

497. **Journal** d'un habitant de Neuilly pendant la Commune, publié par Georges d'Heylli. *Paris, Librairie générale,* 1872, in-12, mar. brun jans., dent. int., tr. dor. (*Petit*).

Exemplaire tiré sur papier de Hollande.

498. **Journée** (La) des madrigaux, suivie de la Gazette de Tendre et du Carnaval des Pretieuses, introduction et notes par Émile Colombey. *Paris*, *Aubry*, 1856, in-12, demi-rel. mar. ch. noir, tête dor., non rogné.

499. **Juillerat** (Paul). Soirs d'Octobre. *Paris*, *Dentu*, 1861, in-12, pap. vergé teinté, demi-rel. mar. ch. violet, tête dor., non rogné.

500. **Julyot** (Ferry). Les Élégies de la belle Fille lamentant sa virginité perdue. Réimpression complète, publiée d'après l'édition originale de 1557, avec notice, éclaircissements et index. *Paris*, *L. Willem*, 1873, in-8, demi-rel. mar. orange, dos et coins, tête dor., non rogné. (*Raparlier*)

L'un des 25 exemplaires tirés sur papier de Chine.

501. **Jullien** (Adolphe). Histoire du Théâtre de Mme de Pompadour dit Théâtre des Petits Cabinets. *Paris*, *Baur*, 1874, gr. in-8, fig. demi-rel. mar. rouge, dos et coins, tête dor. non rogné.

502. **Kriloff**. Fables russes imitées en vers français et italiens par divers auteurs. *Paris*, *Bossange*, 1825, 2 tomes en 1 vol. in-8, portr. et fig. demi-rel. bas. tr. jasp.

503. **Kugler** (Franz). Geschichte Friedrichs des Grossen. Gezeichnet von Adolphe Menzel. *Leipzig*, *verlag der J.-J. Weber*, 1840, gr. in-8, fig., demi-rel. v. fauve, dos et coins, tr. jasp.

504. **Laborde** (Comte de). Versailles ancien et moderne. *Paris*, *Schneider et Legrand*, 1841, gr. in-8, fig., demi-rel. mar. rouge, tête dor., non rogné.

505. **Laboulaye**. Paris en Amérique, par le docteur René Lefebvre. *Paris*, *Charpentier*, 1869, in-12, demi-rel. mar. vert, tête dor., non rogné.

506. **La Bruyère**. Maximes et Réflexions morales. *Genève* (*Cazin*), 1782, in-18, portr., v. fauve, fil., tr. dor.

507. **La Bruyère**. Les Caractères de Théophraste, avec les caractères ou les mœurs de ce siècle. *Londres* (*Cazin*) 1784, 3 vol. in-18, portr. gravé, v. éc., fil., tr. dor.

508. **La Bruyère**. Les Caractères ou les mœurs de ce siècle, suivis du discours à l'Académie et de la traduction de Théophraste. *Paris*, *Belin-Leprieur*, 1845, gr. in-8, fig., mar. ch. brun, tr. dor.

509. **La Bruyère**. Les Caractères, avec dix-huit gravures à l'eau-forte, par V. Foulquier. *Tours*, *Mame*, 1867, gr. in-8, portr., demi-rel. mar. or., dos et coins, tête dor., non rogné.

510. **Lacaussade** (Auguste). Les Salaziennes. *Paris*, *Aillaud*, 1839, in-8, demi-rel. mar. ch. vert, tr. jasp.

511. **Lacaussade** (Auguste). Poèmes et Paysages. *Paris, Dentu*, 1861, in-12, demi-rel. mar. ch. vert, tr. jasp.

512. **Lachambaudie** (P.). Fables. Poésies diverses. *Paris, Pagnerre*, 1858, in-12, portr., demi-rel. mar. ch. rouge, tête dor., non rogné.

513. **La Chambre**. Les Caractères des passions. *Amsterdam, Ant. Michel*, 1858, 2 vol. in-18, v. brun.

514. **Lacretelle** jeune. Précis historique de la Révolution française, Assemblée législative. — Convention nationale. — Directoire exécutif. *Paris, Onfroy et Treuttel et Würtz*, 1801-1806, 5 vol. in-18, fig. d'après Duplessis-Bertaux, bas.

515. **Lacroix** (Paul). Les Arts au moyen âge et à l'époque de la Renaissance. Ouvrage illustré de 19 planches chromolithographiques, exécutées par F. Kellerhoven et de 400 gravures sur bois. *Paris, Firmin-Didot*, 1871, in-4, demi-rel. mar. ch. rouge, tr. dor.

516. **Lacroix** (Paul). Mœurs, Usages et Costumes au moyen âge et à l'époque de la Renaissance. Ouvrage illustré de 15 planches chromolithographiques, par F. Kellerhoven et de 440 gravures. *Paris, Firmin-Didot*, 1872, in-4, demi-rel. mar. ch. rouge, tr. dor.

517. **Lacroix** (Paul). Vie militaire et religieuse au moyen âge et à l'époque de la Renaissance. Ouvrage illustré de 14 chromolithographies, exécutées par F. Kellerhoven, Régamey et L. Allard, et de 409 fig. sur bois. *Paris, Didot*, 1873, in-4, demi-rel. mar. ch. rouge, tr. dor.

518. **Lacroix** (Paul). Sciences et Lettres au moyen âge et à l'époque de la Renaissance. Ouvrage illustré de 13 chromolithographies, exécutées par Compère, Daumont, Pralon et Werner et de 400 gravures sur bois. *Paris, Firmin-Didot* 1877, in-4, demi-rel. mar. ch. rouge, tr. dor.

519. **Lacroix** (Paul). Dix-septième siècle. Institutions, Usages et Costumes. France. 1590-1700. Ouvrage illustré de 16 chromolithographies et de 300 gravures sur bois (dont 20 tirées hors texte). *Paris, Firmin-Didot*, 1880, in-4, demi-rel. mar. ch. rouge, dos et coins, tête dor., non rogné.

520. **Lacroix** (Paul). Dix-septième siècle. Lettres, Sciences et Arts. France, 1590-1700. Ouvrage illustré de 17 chromolithographies et de 300 gravures sur bois (dont 16 tirées hors texte). *Paris, Firmin-Didot*, 1882, in-4, demi-rel. mar. ch. rouge, tête dor., non rogné.

521. **Lacroix** (Paul). Dix-huitième siècle. Institutions, Usages et Costumes. France, 1700-1789. Ouvrage illustré de 21 chromolithographies et de 350 gravures sur bois, d'après Watteau, Vanloo, Boucher, Moreau, Debucourt, etc. *Paris, Firmin-Didot*, 1875, in-4, demi-rel. mar. rouge, dos et coins, tête dor., non rogné.

Exemplaire tiré sur grand papier.

522. **Lacroix** (Paul). Dix-huitième siècle. Lettres, Siences et Arts. France, 1700-1789. Ouvrage illustré de 16 chromolithographies et de 250 gravures sur bois (dont 20 tirées hors texte), d'après Watteau, Vanloo, Boucher, Moreau, Debucourt, etc. *Paris, Firmin-Didot*, 1878, in-4, demi-rel. mar. rouge, dos et coins, tête dor., non rogné.

Exemplaire tiré sur grand papier.

523. **Lacroix** (Paul). Bibliographie et Iconographie de tous les ouvrages de Restif de la Bretonne, contenant la description raisonnée des éditions originales, des réimpressions, des contrefaçons, etc., y compris le détail des estampes, et la Notice sur la vie et les ouvrages de l'auteur par son ami Cubières Palmezeaux, avec des notes historiques, critiques et littéraires. *Paris, Fontaine*, 1875, gr. in-8, pap. de Hollande, portr., demi-rel. mar. rouge, tête dor., non rogné.

524. **La Fare** (Marquis de). Poésies. *Genève (Cazin)*, 1777, in-18, front. de Marillier, v. éc., fil., tr. dor.

525. **La Fayette** (Mme de). Zayde, histoire espagnole. *Paris, P. Didot l'aîné*, 1814, 2 vol. in-18, mar. orange, dos et coins, tête dor., non rognés.

526. **La Fizelière** (Albert de). Vins à la mode et cabarets au XVIIe siècle. Frontispice à l'eau-forte de Maxime Lalanne. *Paris, Pincebourde*, 1866, pet. in-12, vél. blanc, fil., tr. dor., non rogné.

527. **La Flaca** du 1er avril 1869 au 4 octobre 1873. *Barcelona, Juan Vazquez*, 1869-1873, 84 numéros en 2 vol. in-fol., pl. col., demi-rel. mar. bleu, tr. jasp.

528. **La Fontaine**. Fables choisies, mises en vers. *Genève (Cazin)*, 1777, 2 vol. in-18, front. gravé, v. fauve, fil., tr. dor.

529. **La Fontaine**. Fables illustrées par J.-J. Grandville. *Paris, Fournier*, 1838, 2 vol. in-8. Illustrations de Grandville pour les fables de La Fontaine, seconde série, 120 planches. *Paris, Fournier*, 1840, in-8. — Ens. 3 vol. in-8, v. bleu, tr. dor. (*Simier.*)

530. **La Fontaine**. Fables. Édition illustrée de gravures sur bois, d'après les dessins de Staal. *Paris, Garnier*, 1869, in-12. Contes et Nouvelles. *Paris, Garnier*, in-12. — Ens. 2 vol. in-12, demi-rel., mar. ch. rouge, dos et coins, tête dor., non rognés.

531. **La Fontaine**. Fables. Notices par Poujoulat, portrait et 50 gravures à l'eau-forte, par V. Foulquier. *Tours, Mame*, 1875, gr. in-8, demi-rel., mar. rouge, dos et coins, tête dor., non rogné.

532. **La Fontaine**. Contes. 25 photographies d'après les figures de Fragonard, gr. in-8, br.

533. **La Fontaine**. Les Amours de Psyché et de Cupidon, suivies d'Adonis, poème. *Paris, Leclère*, 1863, 2 vol. in-12, fig. mar. vert., fil., dos ornés, tr. dor. (*Hardy-Mennil.*)

534. **Laforet** (Auguste). Le Bâton. Étude historique et littéraire. *Marseille, Typographie Marius Olive*, 1876, 2 vol. gr. in-8, demi-rel. mar. vert, dos et coins, tête dor., non rognés. (*David.*)

535. **Lairtullier** (E.). Les Femmes célèbres de 1789 à 1795, et leur influence dans la Révolution. *Paris, France*, 1840, 2 vol. in-8, demi-rel. v. fauve, non rognés.

536. **Lamartine**. Œuvres complètes, publiées et inédites. *Paris, l'auteur*, 1860-1866, 41 vol. gr. in-8, demi-rel. mar. violet, dos et coins, tête dor., non rognés.

537. **Lamartine**. Jocelyn. Épisode. Journal trouvé chez un curé de village. *Paris, Pagnerre, Hachette et Furne*, 1861, pet. in-12, mar. rouge jans., dent. int., tr. dor. (*Chambolle-Duru.*)

Exemplaire tiré sur papier de Chine.

538. **Lamartine** (A. de). Cours familier de littérature. *Paris, chez l'auteur*, 1856-1869, 28 vol. gr. in-8, demi-rel. mar. ch. violet, non rognés.

539. **La Mothe Le Vayer**. Hexaméron Rustique ou les Six Journées passées à la campagne entre des personnes studieuses. *Paris, Liseux*, 1875, in-18, demi-rel. mar. bleu, dos orné, tête dor., non rogné.

540. **La Mothe Le Vayer**. Soliloques sceptiques. *Paris, Liseux*, 1875, in-18, demi-rel. mar. bleu, dos et coins, tête dor., non rogné.

541. **Lanario** (Don Francesco). Del consiglio di guerra di Sua M. Cattolica ne' Paesi Bassi. Le Guerre di Flandra brevemente narrate. *Antuerpiæ apud Hieronymum Verdussium*, 1615, in-4, v. fauve, milieu et coins dorés.

Aux armes de Philippe III, roi d'Espagne.

542. **La Porte** (M. de), premier valet de chambre de Louis XIV. Mémoires contenant plusieurs particularités des règnes de Louis XIII et de Louis XIV. *Genève*, 1755, in-12, demi-rel. v. bleu, tr. dor.

543. **Laprade** (Victor de). Psyché. Poème. — Odes et Poèmes. *Paris, Michel Lévy*, 1860, in-12. — Les Symphonies. — Idylles héroïques. *Paris, Michel Lévy*, 1862, in-12. — Les Voix du Silence. *Paris, Dentu*, 1865, in-12. — Pernette. *Paris, Didier*, 1869, in-12. — Ens. 4 vol. in-12, demi-rel. mar. ch. vert, tr. jasp.

544. **La Rochefoucauld**. Maximes et Réflexions morales. *Londres* (*Cazin*), 1784, in-18, portr. gravé, v. éc., fil., tr. dor.

545. **La Rochefoucauld**. Maximes et Réflexions morales. Le premier texte publié par F. de Marescot. *Paris, Jouaust*, 1869, in-12, mar. brun, fil., dos orné, dent. intér., tr. dor.

L'un des 15 exemplaires tirés sur papier de Chine.

546. **La Rochejaquelein** (Marquis de). Mémoires précédés de son éloge funèbre, illustrations de A. Andrieux. *Paris, Dentu*, 1860, 2 vol. in-12, demi-rel. v. fauv., dos et coins, tête dor. non rognés.

547. **Larousse** (Pierre). Grand Dictionnaire universel du XIXe siècle, français, historique, géographique, littéraire, scientifique, etc. *Paris*, 1866-1878, 16 vol. in-4, demi-rel. mar. ch. bleu, tr. jasp.

548. **L'Art de péter**, essai théori-physique et méthodique à l'usage des personnes constipées, etc. *En Westphalie, chez Florent Q.*, 1776, in-8, front. gr., broché.

Réimpression faite à Lille.

549. **Lasserre** (Henri). Notre-Dame de Lourdes. Édition illustrée d'encadrements variés à chaque page et de chromolithographies, scènes, portraits, vues à vol d'oiseau, cartes et paysages. *Paris, Palmé*, 1877, in-fol. demi-rel. mar. ch. rouge, tr. dor.

550. **Latena** (de). Étude de l'homme. *Paris, Garnier*, 1854, in-8, demi-rel. mar. rouge, dos orné, tête dor., non rogné.

551. **La Vallière** (Duchesse de). Réflexions sur la Miséricorde de Dieu, suivies de ses lettres. Nouvelle édition revue et précédée d'une étude biographique, par P. Clément. *Paris, Techener*, 1860, 2 tomes en 1 vol. in-12, portr., demi-rel. mar. bleu, dos et coins, tête dor. non rogné.

552. **Lear** (Fanny). Le Roman d'une Américaine en Russie, accompagné de lettres originales. *Bruxelles, A. Lacroix*, 1875, in-12, demi-rel. mar. vert, dos et coins, tête dor., non rogné.

553. **Lebailly** (Armand). Madame de Lamartine. Eau-forte par G. Staal. *Paris, Bachelin-Deflorenne*, 1864, in-16, pap. vergé, demi-rel. v. fauve.

554. **Le Blanc**. Traité historique des monnoyes de France, avec leurs figures, depuis le commencement de la Monarchie jusqu'à présent. *Paris, Ch. Robustel*, 1690, in-4, front. gravé, v. marbr., fil., tr. dor.

555. **Le Clerc** (Sébastien). Traité de géométrie théorique et pratique, à l'usage des artistes. *Paris, Jombert*, 1744, in-8, fig. mar. brun jans., dent. int., tr. dor. (*Hardy*).

556. **Lecomte** (Jules). Le Perron de Tortoni. Indiscrétions biographiques. *Paris, Dentu*, 1863, in-12, demi-rel. mar. vert, tête dor., non rogné.

557. **Le Flaguais** (Alph.). Études du siècle et pages du cœur. *Caen, A Avonde*, 1836, pet. in-12, demi-rel. mar. or., tr. jasp.

558. **Legouvé** (G.). Le Mérite des femmes. Poème. *Paris, Louis*, an IX, pet. in-12, front. gravé par Duplessis-Bertaux d'après Isabey, mar. rouge, fleurs de lis sur les plats, tr. dor.

559. **Le Grand** comédien du Roi. Œuvres. Nouvelle édition revue, corrigée et augmentée. *Paris, Compagnie des libraires associés*, 1770, 4 vol. in-12, v. marb.

560. **Le Grand Alcandre** frustré. Réimpression faite sur l'édition de 1696 avec une notice bibliographique par P.-L. Jacob. *San Remo, Gay*, 1874, in-18, demi-rel. mar. rouge, dos et coins, tête dor., non rogné.

561. **Lejeune** (Théodore). Guide théorique et pratique de l'amateur de tableaux. Études sur les imitateurs et les copistes des maîtres de toutes les écoles dont les œuvres forment la base ordinaire des galeries. *Paris, Vve Renouard*, 1864-1865, 3 vol. gr. in-8, demi-rel. mar. vert, dos et coins, non rognés.

562. **Le Maout** et **Decaisne.** Traité général de botanique descriptive et analytique. *Paris, Didot*, 1868, in-4, demi-rel. mar. chag. rouge, tr. jasp.

563. **Lemercier de Neuville**. Soirées parisiennes. I Pupazzi. Texte et images. Paris-Pantin. Deuxième série des Pupazzi. Édition illustrée de trente dessins. *Paris, Librairie internationale*, 1866-1868, 2 vol. in-12, demi-rel. mar. vert, dos ornés, tête dor., non rognés.

564. **Le Mierre.** La Peinture. Poème en trois chants. *Paris, Le Jay*, *s. d.*, in-8, fig. dess. par Cochin, demi-rel. mar. rouge, dos et coins, tr. dor.

565. **Lemoyne** (André). Poésies, 1855-1870. Les Charmeuses. — Les Roses d'antan, couronnées par l'Académie française. *Paris, Lemerre*, 1873, pet. in-12, portr., mar. bleu, ornements sur les plats, dent. int., tr. dor. (*Cuzin.*)

566. **Lemoyne** (André). Les Charmeuses. Eaux-fortes de L.-G. de Bellée, Feyen-Perrin et Édouard Leconte. *Paris, Firmin-Didot, s. d.*, gr. in-8, demi-rel. mar. rouge, dos et coins, tête dor., non rogné. (*Hardy.*)

567. **Lemoyne** (André). Les Charmeuses et les Roses d'antan, précédées d'une étude par J. Levallois. Eaux-fortes de Dubois, Feyen-Perrin, J. Laurens, etc. *Paris, Didot*, *s. d.*, gr. in-8, demi-rel. mar. rouge, dos et coins, tête dor., non rogné.

568. **Lens** (André). Le Costume, ou Essai sur les habillements et les usages de plusieurs peuples de l'antiquité, prouvé par les monuments. *Liège, chez Bassompierre*, 1776, gr. in-4, fig., bas.

569. **Leprince de Beaumont** (Mme). Les Contes de fées. Préface de Méry. Illustrations par Gavarni. *Paris, Librairie centrale*, 1865, gr. in-8, demi-rel. mar. vert, dos et coins, tête dor., non rogné. (*Hardy.*)

570. **Leroux** (Alfred). L'Herbier. *Paris, Raymond Bocquet*, 1842, in-8, fig., demi-rel. mar. rouge, non rogné.

571. **Le Roux de Lincy**. Recherches sur Jean Grolier, sur sa vie et sur sa bibliothèque, suivies d'un catalogue des livres qui lui ont appartenu. *Paris, Potier*, 1866, gr. in-8, pap. de Hollande, fig., demi-rel. mar. rouge, tête dor., non rogné.

572. **Le Sage**. Les Aventures de Monsieur Robert Chevalier, dit de Beauchesne, capitaine de flibustiers dans la Nouvelle-France. *Maestricht, Dufour*, 1780, 2 tomes en 1 vol. in-12, front. et fig., v. marb.

573. **Le Sage**. Histoire de Gil Blas de Santillane. *Londres* (*Cazin*), 1783, 4 vol. in-18, fig., v. éc., fil., tr. dor.

574. **Le Sage**. Histoire de Gil Blas de Santillane, vignettes par Jean Gigoux. *Paris, Paulin*, 1835, gr. in-8, demi-rel. ch. violet, tr. marb.

575. **Le Sage** (Alain-René). Histoire de Gil Blas de Santillane, précédée d'une Préface, par H. Reynald. 13 eaux-fortes par R. de Los Rios. *Paris, Librairie des Bibliophiles*, 1879, 4 vol. in-12, demi-rel. mar. bleu, dos et coins, tête dor., non rognés. (*David*.)

576. **Le Sage**. Le Diable boiteux, illustré par Tony Johannot, précédé d'une Notice sur Le Sage, par J. Janin. *Paris, E. Bourdin*, 1840, gr. in-8, demi-rel. mar. ch. violet, tr. jasp.

577. **Le Sage** (A.-R.). Le Diable boiteux. Avec une préface par H. Reynald. Gravures à l'eau-forte par Ad. Lalauze. *Paris, Librairie des Bibliophiles*, 1880, 2 vol. in-12, demi-rel. mar. bleu, dos et coins, tête dor., non rognés. (*David*.)

578. **Le Sage**. Turcaret. Comédie en cinq actes, réimprimée sur la première édition 1709, et précédée d'une Notice par F. de Marescot. *Paris, Jouaust*, 1872, in-12, demi-rel. mar. vert, dos orné, tête dor., non rogné.

579. **Le Sage**. Histoire de Gil Blas de Santillane. Suite de douze figures dessinées et gravées par Ricardo de Los Rios. *Paris, Rouquette, s. d.*, in-4 en feuilles.

Épreuves avant la lettre, tirées sur papier grand Japon impérial.

580. **Le Sage**. Le Bachelier de Salamanque. Suite de quatre figures dessinées et gravées par Ricardo de Los Rios. *Paris, Rouquette, s. d.*, in-4 en feuilles.

Épreuves avant la lettre, tirées sur papier grand Japon impérial.

581. **Le Sage**. Le Diable boiteux. Suite de quatre figures dessinées et gravées par Ricardo de Los Rios. *Paris, Rouquette, s. d.*, in-4 en feuilles.

Épreuves avant la lettre, tirées sur papier grand Japon impérial.

582. **Le Sage.** Histoire de don Guzman d'Alfarache. Suite de six figures dessinées et gravées par Ricardo de Los Rios. *Paris, Rouquette, s. d.*, in-4 en feuilles.

Épreuves avant la lettre, tirées sur papier grand Japon impérial.

583. **Le Sage.** Vie de Estévanille Gonzalès. Suite de quatre figures dessinées et gravées par Ricardo de Los Rios. *Paris, Rouquette, s. d.*, in-4 en feuilles.

Épreuves avant la lettre, tirées sur papier grand Japon impérial.

584. **Les Collectionneurs** de l'ancienne Rome. Notes d'un amateur (par Edmond Bonnaffé). *Paris, Aubry*, 1867, pet. in-8, pap. vergé, demi-rel. mar. ch. rouge, dos et coins, tête dor., non rogné.

585. **Les Continuateurs** de Loret. — Lettres en vers de La Gravette, de Mayolas, Robinet, Boursault, etc., recueillies et publiées par le baron J. de Rothschild. *Paris, D. Morgand.* 1881-1883, 2 vol. gr. in-8, brochés.

586. **Lescure** (de). Lord Byron. Histoire d'un homme (1788-1824). *Paris, Faure*, 1866, in-12, portr. mar. rouge jans., dent. intér., tr. dor.

L'un des 12 exemplaires tirés sur papier de Chine, avec triple épreuve du portrait.

587. **Lettres** amoureuses d'Héloïse et d'Abeilard. *Genève (Cazin)*, 1777, 2 vol. in-18, portr. gravés, v. fauve, tr. dor.

588. **Lettres** d'amour de Mirabeau, précédées d'une étude sur Mirabeau, par Mario Proth. *Paris, Librairie centrale*, 1865, in-12, portr., demi-rel. mar. bleu, dos orné, tête dor., non rogné.

589. **Lettres** de Marcella. *Paris, Maillet*, 1870, in-12, demi-rel. mar. vert, dos et coins, tête dor., non rogné. (*Hardy.*)

Tiré à 12 exemplaires.

590. **Lettres** de Saint François de Sales adressées à des gens du monde. Nouvelle édition, avec une préface, par Silvestre de Sacy. *Paris, Techener*, 1865, in-12, mar. brun jans., dent. intér., tr. dor.

591. **Lettres** et épîtres amoureuses d'Héloïse et d'Abeilard, nouvelle édition revue, corrigée et augmentée. *Paris, Cailleau*, 1781, 2 vol. in-18, mar. rouge, tr. dor.

592. **Lettres** inédites de Catherine II, encore grande-duchesse, au comte Zackar Czernicheff. Ces lettres ont été copiées sur l'original dont la plus grande partie est écrite au crayon. *Marseille*, 1878, pet. in-12, mar. bleu, doublé de mar. rouge, dent. int., tr. dor. (*Chambolle-Duru.*)

593. **Lettres** Portugaises avec les réponses. — Lettres de Mademoiselle Aïssé suivies de celles de Montesquieu et de Madame du Deffand au chevalier d'Aydie. *Paris, Charpentier*, 1873, in-12, portr., demi-rel. mar. bleu, dos et coins, tête dor., non rogné.

594. **Linden.** L'Illustration horticole. Revue mensuelle des plantes les plus remarquables, des introductions nouvelles de l'horticulture. Année 1887, *Gand*, 1887, 12 livraisons in-4. pl. noires et coloriées, br.

595. **Liszt** (Franz). Des Bohémiens et de leur musique en Hongrie. *Paris, Librairie nouvelle*, 1859, in-12, demi-rel., mar. ch. brun, non rogné.

596. **Le Livre.** Revue mensuelle. Années 1880 et 1881. *Paris, Quantin*, 1880-1881, 24 livraisons gr. in-8, br.

597. **Livre** de Poste, ou État général des postes du royaume de France, pour l'an 1829. *Paris, de l'Imprimerie royale*, 1829, in-8, mar. rouge, doublé de tabis, dent. int., tr. dor.

Aux armes du dauphin.

598. **Livre** des Cent Ballades, contenant des conseils à un chevalier pour aimer loialement et les Responses aux Ballades, publié d'après trois manuscrits de la Bibliothèque Impériale de Paris et de la Bibliothèque de Bourgogne, de Bruxelles, avec une introduction, des notes historiques et un glossaire, par le marquis de Queux de Saint-Hilaire. *Paris, Maillet*, 1868-1874, in-8, mar. brun, ornements sur les plats, dent. int., tr. dor. (*Petit.*)

L'un des 5 exemplaires tirés sur papier de Chine. — Le complément, broché, est tiré sur papier vergé.

599. **Livre** des Sonnets (Le). Dix dizains de sonnets choisis. *Paris, A. Lemerre*, 1874, in-8, pap. vergé, mar. rouge, fil., dos orné, dent. int., tr. dor. (*Hardy.*)

600. **Livre** du Bibliophile (Le). *Paris Lemerre*, 1874, pet. in-12, vél. blanc.

L'un des 3 exemplaires imprimés sur vélin.

601. **Longfellow** (H.-W.). Évangéline. Conte d'Acadie, traduit par Charles Brunel. 2e édition, illustrée de 45 vignettes sur bois, par Jane-E. Benham, Birket Foster et John Gilbert. *Paris, Hachette*, 1872, in-8, cart., tr. dor.

602. **Longus.** Les amours pastorales de Daphnis et Chloé, translatées en françois, par Jacq. Amyot. *Londres (Cazin)*, 1780, in-18, front. gr., v. éc., fil., tr. dor.

603. **Longus.** Daphnis et Chloé, ou les Pastorales, traduites du grec par J. Amyot. Nouvelle édition, revue, corrigée et complétée. *Paris, Leclère*, 1863, in-8, fig. d'après Gérard et Prud'hon, demi-rel. mar. bleu, dos et coins, tête dor., non rogné. (*Allô.*)

604. **Loudon** The Ladies' Flower-Garden of ornamental Annuals Greenhouse and Perennials Plants. *London, William, S. Orr and Co, s. d.*, 3 vol. in-4, demi-rel. mar. ch. vert, tr. dor.

180 planches coloriées.

605. **Loudon's** Hortus Britannicus. A Catalogue of all the Plants indigenous cultivated in or introduced to Britain. *London, Longman, s. d.*, in-8, demi-rel. v. fauve, tr. marb.

606. **Louis** (Pierre de Saint-). La Madelaine au désert de la Sainte-Baume, en Provence, poème spirituel et chrétien. *Lyon, N. de Ville*, 1700 in-12, v. brun.

607. **Louvet de Couvray**. Les Aventures du chevalier de Faublas, édition illustrée de 300 dessins, par Baron, Français et Nanteuil. *Paris, J. Mallet*, 1842, 2 vol. gr. in-8, demi-rel. mar. ch. violet, non rognés.

608. **Louvet de Couvray**. Les Aventures du chevalier de Faublas. Nouvelle édition, ornée de 8 gravures sur acier, d'après les dessins de Marillier. *Bruxelles, Rozez*, 1869, 4 vol, in-12, demi-rel. mar. rouge, dos ornés, tête dor., non rognés.

609. **Lowe** et **Howard**. Les Plantes à feuillage coloré, trad. de l'anglais. *Paris, J. Rothschild*, 1865, gr. in-8, pl. col., demi-rel. mar. ch. rouge, tr. dor.

610. **Lucain**. La Pharsale, traduite en françois, par Marmontel. *Paris, Merlin*, 1766, 2 vol. in-8, fig. de Gravelot. v. marb.

611. **Lucas** (Hippolyte). Histoire philosophique et littéraire du Théâtre français, depuis son origine jusqu'à nos jours. *Bruxelles, Lacroix et Cie*, 1862, 3 vol. in-12, demi-rel. mar. brun, tr. jasp.

612. **Lucas** (Hippolyte). Heures d'amour. *Paris, J. Gay*, 1864, in-18, mar. ch. bleu, dos et coins, tête dor., non rogné.

613. **Lucas**. Histoire naturelle des Lépidoptères d'Europe, avec 80 planches coloriées, *Paris, Sacy, s. d.*, gr. in-8, demi-rel. mar. ch. noir. tête dor., non rogné.

614. **Lucas**. Histoire naturelle des Lépidoptères exotiques, avec 80 planches coloriées. *Paris, Sacy, s. d.*, gr. in-8, demi-rel. mar. ch. noir, tête dor., non rogné.

615. **Lurine** (Louis). Les Rues de Paris, Paris ancien et moderne, origines, histoire, mœurs, chroniques et traditions. *Paris, Kugelmann*, 1844, 2 vol. gr. in-8, demi-rel., mar. vert, dos et coins, non rognés.

616. **Mahalin** (Paul). Les Jolies actrices de Paris. *Paris, F. Pache*, 1868, in-12, portr. mar. bleu, fil., dos orné, dent. intér., tr. dor. (*Allô*).

617. **Maistre** (Xavier de). Voyage autour de ma chambre, suivi de l'expédition nocturne. Préface par Jules Claretie. Six eaux-fortes, par Hédouin. *Paris, Librairie des Bibliophiles*, 1877, in-12, demi-rel., mar. citron, dos et coins, tête dor., non rogné. (*David*.)

618. **Malherbe**. Œuvres recueillies et publiées, par L. Lalanne. Nouvelle édition revue sur les autographes, les copies les plus authentiques et les plus anciennes impressions. *Paris, Hachette*, 1862-1869, 5 vol. gr. in-8, fig. et fac-similé, demi-rel. v. fauve, non rognés.

619. **Malo** (Charles). La Corbeille de fruits, *Paris, Janet, s. d.* (1818), in-18, fig. color., mar. rouge, dent., tr. dor.

620. **Malot** (Hector). Sans famille, dessins par E. Bayard. *Paris, Hetzel, s. d.*, gr. in-8, cart., non rogné.

621. **Manesson-Mallet** (Allain). Les Travaux de Mars, ou l'Art de la Guerre, divisez en trois parties. Ouvrage enrichi de plus de quatre cents planches, gravées en taille-douce. *La Haye, Henri van Bulderen*, 1696, 3 vol. in-8, mar. rouge, fil., dos ornés, dent. int., tr. dor. (*Capé.*)

622. **Manne** (de). Galerie historique des portraits des Comédiens de la troupe de Voltaire, gravés à l'eau-forte, sur des documents authentiques, par Frédéric Hillemacher. *Lyon, Scheuring*, 1861, in-8, demi-rel. mar. rouge, dos et coins, tête dor., non rogné.

623. **Manne** (E.-D. de). Galerie historique des Comédiens de la troupe de Talma. Notices sur les principaux sociétaires de la Comédie-Française depuis 1789 jusqu'aux trente premières années de ce siècle. Avec des portraits gravés à l'eau-forte, par Frédéric Hillemacher, *Lyon Scheuringe*, 1866, in-8, demi-rel. mar. bleu, dos et coins, tête dor., non rogné.

624. **Manne** (E.-D. de) et **Ménétrier** (C.). Galerie historique des comédiens de la troupe de Nicolet. Notices sur certains acteurs et mimes qui se sont fait un nom dans les annales des scènes secondaires, avec des portraits gravés à l'eau-forte par Frédéric Hillemacher. *Lyon, Scheuring*, 1869, in-8, demi-rel. mar. orange, tête dor., non rogné.

625. **Mantz** (Paul). Hans Holbein, dessins et gravures sous la direction de Ed. Lièvre. *Paris, Quantin*, 1879, in-fol., fig., cart., non rogné.

626. **Mantz** (Paul). François Boucher. Lemoyne et Natoire. *Paris, Quantin*, 1880, in-fol., fig., cart., non rogné.

627. **Manzoni**. Les Fiancés. Histoire milanaise du XVIe siècle. Traduction nouvelle sur la dernière édition illustrée, par le marquis de Montgrand. Nouvelles illustrations de Staal. *Paris, Garnier frères*, 1877, in-4, cart., non rogné.

628. **Marais** (Mathieu), avocat au Parlement de Paris. Journal et mémoires sur la Régence et le règne de Louis XV (1715-1737), publiés par de Lescure. *Paris, Firmin-Didot*, 1863-1868, 4 vol. gr. in-8, demi-rel. mar. ch. rouge, dos ornés, tête dor., non rognés.

629. **Marguerite de Navarre.** Les Sept journées, suivies de la huitième (Édition de Claude Gruget, 1559). Notice et notes par Paul Lacroix. Index et glossaire. Planches à l'eau-forte par Flameng. *Paris, Librairie des Bibliophiles*, 1872, 4 vol. in-12, pap. vergé, demi-rel. mar. orange, dos et coins, tête dor., non rognés. (*Allô*).

630. **Mariage** de Colin et Nizalete. Comédie mêlée de françois, de languedocien et de provençal, ouvrage curieux, imprimé pour la première fois, où l'on verra le goût des Languedociens et des Provenceaux pour la poésie et pour le comique. *A Marseille, chez Pierrote Martel*, 1741, pet. in-8, v. fauve, fil., dent. int., tr. dor. (*Thouvenin.*)

631. **Marius-Michel.** La Reliure française depuis l'invention de l'imprimerie jusqu'à la fin du XVIIIe siècle. *Paris, D. Morgand et Fatout*, 1880, gr. in-4, pl., demi-rel. mar. rouge, dos et coins, tête dor., non rogné. (*David.*)

632. **Marmontel.** Les Incas, ou la destruction de l'empire du Pérou. *Paris, Lacombe*, 1777, 2 vol. in-8, fig. dess. par Moreau, grav. par de Ghendt, Duclos, etc., v. marb.

633. **Marmontel.** Bélisaire. *Londres* (*Cazin*), 1780, in-18, front. gravé, v. éc., fil., tr. dor.

634. **Marmontel.** Contes moraux. *Londres* (*Cazin*), 1780, 3 vol. in-18, portr. et fig., v. éc., fil., tr. dor.

635. **Marolles** (Michel de). Le Livre des Peintres et Graveurs. Seconde édition revue et annotée par G. Duplessis. *Paris, P. Daffis*, 1872, in-12, mar. bleu, milieu dorure à petits fers, coins, dent. intér., tr. dor. (*Smeers.*)

Exemplaire tiré sur papier vergé fort.

636. **Marot** (Clément) de Cahors, vallet de chambre du Roy. Œuvres. *Lyon, N. Scheuring*, 1869-1870, 2 vol. in-8, papier teinté, portr., demi-rel. mar. rouge, dos et coins, tête dor., non rognés.

637. **Marot** (Clément) de Cahors en Quercy, valet de chambre du Roy. Œuvres augmentées d'un grand nombre de ses compositions nouvelles par cidevant non imprimées. Le tout mieux ordonné comme l'on voirra ci-après et soigneusement reveu par Georges Guiffrey. Tomes II et III. *Paris, D. Morgand et Fatout*, 1875-1881, 2 vol. gr. in-8, pap. de Hollande, brochés.

638. **Marti** (Emmanuel), doyen de l'Église d'Alone. Discours sur la musique zéphirienne, adressé aux vénérables crépitophiles. Opuscule facétieux. Texte original, accompagné de la première traduction et illustré d'historiettes crépitantes, par un professeur de basson. *Paris, Léon Willem*, 1873, in-8, pap. teinté, demi-rel. mar. bleu, dos et coins, tête dor., non rogné. (*Hardy.*)

639. **Marty-Laveaux**. De l'Enseignement de notre langue. *Paris, Lemerre*, 1872, in-12, demi-rel. mar. brun, dos et coins, tête dor., non rogné.

640. **Marty-Laveaux**. Grammaire élémentaire. *Paris, Lemerre*, 1874, in-12, demi-rel. mar. brun, dos et coins, tête dor., non rogné.

641. **Marty-Laveaux**. Grammaire historique. *Paris, Lemerre*, 1875, in-12, demi-rel. mar. brun, dos et coins, tête dor., non rogné.

642. **Mary-Lafon**. La Dame de Bourbon, dessins de E. Morin, gravés par H. Linton. *Paris, Librairie Nouvelle*, 1860, in-8, mar. vert, jans., dent. intér., tr. dor.

L'un des 20 exemplaires tirés sur papier de Chine.

643. **Matabon** (Hippolyte). Après la Journée. Poésies. *Marseille, Camoin*, 1874, pet. in-8, mar. citron, dos et coins, tête dor., non rogné.

644. **Matinées** (Les) du roi de Prusse, écrites par lui-même. *Berlin*, 1766. (Bruxelles, 1871), pet. in-12, demi-rel. mar. vert, dos et coins, tête dor., non rogné. (*Hardy*.)

645. **Maucroix**. Œuvres diverses, publiées par Louis Paris. *Paris, Techener*, 1854, 2 vol. in-12, demi-rel. mar. rouge, tête dor., non rognés.

646. **Maurin** (Albert). Élégies et chants lyriques précédés des éléments d'une philosophie de la poésie. *Paris, Gosselin*, 1837, in-18, demi-rel. mar. brun, tête dor., non rognés.

647. **Maynard** (L'Abbé). La Sainte Vierge. Ouvrage illustré de 14 chromolithographies et 200 gravures. *Paris, Didot*, 1877, gr. in-8, demi-rel. mar. ch. rouge, dos et coins, tête dor., non rogné.

648. **Mélanges** sur les langues, dialectes et patois, renfermant une collection de la parabole de l'enfant prodigue en cent idiomes ou patois différents presque tous de France (par Coquebert de Montbret). *Paris, Delaunay*, 1831, in-8, demi-rel. v. vert, non rogné.

649. **Mémoires** de M. D. L. R. (de la Rochefoucauld), sur les brigues à la mort de Louys XIII, les guerres de Paris et de Guyenne, et la prison des Princes. *Cologne P. Van Dyck*, 1664, pet. in-12, mar. ch. violet, tr. dor.

650. **Mémoires** de la duchesse de Brancas, fragment historique sur Louis XV et Madame de Châteauroux sa maîtresse, nouvelle édition par Louis Lacour. *Paris*, 1865, in-12, cart., vél. bl., non rogné.

651. **Mémoires** du duc de Luynes sur la cour de Louis XV (1735-1758), publiés par MM. L. Dussieux et Eud. Soulié. *Paris, Didot*, 1860-1865, 17 tomes en 9 vol. in-8, demi-rel. mar. ch. rouge, tête dor., non rognés.

652. **Mémoires** pour servir à l'histoire de France, contenant ce qui s'est passé de plus remarquable dans ce royaume depuis 1515, jusqu'en 1611 (par Pierre de L'Etoile, publiés par Jean Godefroy). *Cologne (Bruxelles), héritiers de H. Demen*, 1719, 2 vol. in-8, portr. — Journal du règne de Henri IV, roy de France et de Navarre, par Pierre de L'Etoile. *S. l.*, 1732, 2 tomes en 1 vol. in-8. Ensemble 3 vol. in-8, bas.

653. **Ménard** (René). Histoire artistique du métal. *Paris, Rouam*, 1881, pet. in-fol., fig., br.

654. **Méray** (Antony). La vie au temps des Trouvères, croyances, usages et mœurs intimes des XIe, XIIe et XIIIe siècles, d'après les lais, chroniques, dits et fabliaux. *Paris, Claudin*, 1873, in-8, demi-rel. mar. violet, dos et coins, tête dor., non rogné.

655. **Mercier**. L'an deux mille quatre cent quarante. Rêve s'il en fût jamais, suivi de l'Homme de fer. *Paris, Brosson, an VII*, 3 vol. in-8, portr. v., jasp. tr. marb.

656. **Mercier**, de Compiègne. Éloge du Sein des femmes. 4e édition, revue, annotée et considérablement augmentée. *Paris, Barraud*, 1873, pet. in-8, pap. vergé, fig. — La Rapinéide ou l'Atelier. Poème burlesco-comico-tragique en sept chants, par un ancien rapin des ateliers Gros et Girodet. *Paris, Barraud*, 1870, pet. in-8, pap. vergé, fig. — Ensemble 2 parties en 1 vol. pet. in-8, demi-rel. mar. orange, non rogné.

657. **Mercœur** (Élisa). Poésies. 2e édition augmentée de nouvelles pièces. *Paris, Crapelet*, 1829, in-12, mar. vert, mosaïque de mar. rouge et bleu, coins et milieu dorure à petits fers, dos orné, dent. intér., tête dor., non rogné.

658. **Mérimée**. (Prosper). Théâtre de Clara Gazul. *Paris, Fournier*, 1830, in-8, cart., tr. éb.

659. **Méro**. Odes anacréontiques, contes en vers, et autres pièces de poésie; suivies de Côme de Médicis. *Londres (Cazin)*, 1781, in-18, portr. gravé, v. éc., fil., tr. dor.

660. **Méry**. Histoire générale des proverbes, adages, sentences dérivés des mœurs, usages des peuples anciens et modernes. *Paris, Delongchamps*, 1828, 3 vol. in-8, demi-rel. v. brun, tr. jasp.

661. **Méry**. Le Café, poème accompagné de documents historiques sur le café, etc. *Paris, J. Ledoyen*, 1837, in-12, demi-rel. mar. brun, dos et coins, tête dor., non rogné.

662. **Michaud**. Histoire des Croisades. Nouvelle édition augmentée d'un Appendice par Huillard Bréholles. *Paris, Furne*, 1862, 4 vol. in-8, fig., demi-rel. mar. ch. vert, tr. jasp.

663. **Mickiewicz** (Adam). Konrad Wallenrod et Grajina. Traduction française par Christien Ostrowski. Traduction française par Léon Jablonski. Édition illustrée par Jean Tysiewicz. *Paris, imprimerie Bénard et Cie*, 1851, gr. in-8, mar. ch. bleu, tr. dor.

664. **Millaud** (Albert). Petite Némésès. Nouvelle série, 1869-1871. *Paris, Jouaust*, 1872, in-12, demi-rel. mar. bleu, dos et coins, tête dor., non rogné.

L'un des 20 exemplaires tirés sur papier de Chine.

665. **Mille et une Nuits** (Les). Contes arabes, traduits par Galland. *Paris, Pourrat et Cie*, 1837, 2 tomes en 4 vol. gr. in-8, fig., demi-rel. v. fauve, tr. jasp.

666. **Millin** et **Millingen**. Histoire métallique de Napoléon, ou Recueil des médailles et des monnaies frappées depuis la première campagne de l'armée d'Italie, jusqu'à la fin de son règne. *Paris, Delahays*, 1854, gr. in-4, fig., demi-rel. mar. rouge, non rogné.

667. **Milton**. Le Paradis perdu, traduit de l'anglois avec les remarques de M. Addisson. *Genève (Cazin)*, 1777, 3 vol. in-18, portr., v. fauve, tr. dor.

668. **Mirabeau**. Lettres écrites du donjon de Vincennes à Sophie Ruffei et à quelques autres personnes pendant les années 1777-1778-1779 et 1780. *Paris, Lecointe et Pougin*, 1834, 3 vol. in-8, demi-rel. mar. bleu, dos et coins, tête dor. non rognés.

669. **Mirabeau** (Vicomte de). Facéties. *A Côte-Rôtie, de l'imprimerie de Boivin*. 2 tomes en 1 vol. in-12, front. gr., demi-rel. mar. ch. brun, tr. jasp.

670. **Mirecourt** (Eugène de). Amours historiques. Confessions de Ninon de Lenclos, précédées d'un coup d'œil sur le règne de Louis XIV, par Méry. *Paris, Michel Lévy*, 1864, 3 vol. in-12, demi-rel. mar. brun, tête dor., non rognés.

671. **Mirecourt** (Eugène de). Amours historiques. Confessions de Marion Delorme; précédées d'un coup d'œil sur le règne de Louis XIII, par Méry. *Paris, Michel Lévy*, 1867, 3 vol. in-12, demi-rel. mar. vert, tête dor., non rognés.

672. **Mirys**. Figures de l'Histoire de la République Romaine, accompagnées d'un précis historique. *Paris, Mirys, an VIII*, in-4, fig., demi-rel. mar. ch. rouge, non rogné.

204 planches gravées.

673. **Molière**. Œuvres. Nouvelle édition. *Londres (Cazin)*, 1784, 7 vol. in-18, portr., v. éc., fil., tr. dor.

674. **Molière**. Œuvres précédées d'une notice sur sa vie et ses ouvrages, par Sainte-Beuve, vignettes par Tony Johannot. *Paris, Paulin*, 1835. 2 vol. gr. in-8, fig., demi-rel. mar. brun, non rognés.

Première édition.

675. **Molière.** Œuvres complètes. Nouvelle édition, imprimée sur celles de 1679 et 1682, avec des notes explicatives sur les mots qui ont vieilli. Ornée de portraits en pied coloriés d'après les dessins de MM. Geffroy et Maurice Sand. *Paris, Laplace,* 1868, gr. in-8, demi-rel. mar. ch. rouge, tête dor., non rogné.

676. **Molière.** Trente et une eaux-fortes pour les Œuvres. Dessins de Louis Leloir, gravés par L. Flameng, pour l'édition gr. in-8, en huit volumes, publiée par Jouaust. *Paris, Fontaine,* 1880-1881, gr. in-4, cart., non rogné.

L'un des 60 exemplaires tirés sur papier de Hollande.

677. **Mollevaut** (C.-L.). Poésies diverses. *Paris, Lelong,* 1821, in-12, fig., demi-rel. mar. rouge, tête dor., non rogné.

678. **Monnier** (Henry). Scènes parisiennes. — Comédies bourgeoises. — Croquis à la plume. — Galerie d'originaux. — Les Bourgeois aux champs. — Les Petites gens. *Paris, Michel Lévy,* 1857-1858, 6 vol. in-32, demi-rel. mar. vert, non rognés.

679. **Monnier** (Henry). Scènes populaires dessinées à la plume. *Paris, Dentu,* 1864, in-8, demi-rel. mar. rouge, dos et coins, tête dor., non rogné. (*Allô.*)

680. **Monnier** (Henry). Paris et la province. *Paris, Garnier,* 1866, in-12, demi-rel. mar. bleu, tête dor., non rogné.

681. **Monnier** (Marc). Théâtre de marionnettes. *Genève, Richard,* 1871, in-18, demi-rel. mar. rouge, tête dor., non rogné.

682. **Mon Odyssée** ou le Journal de mon retour de Saintonge, poème à Chloé en IV chants (par Robbé de Beauveset). *La Haye* (*Paris*), 1760, in-12, fig., mar. vert, fil., dos orné, dent. intér., tr. dor. (*Hardy.*)

683. **Monselet** (Ch.). Les Vignes du Seigneur. *Paris, V. Lecou,* 1851, in-18, demi-rel. mar. bleu, dos et coins, tête dor., non rogné.

684. **Monselet** (Ch.). Statues et Statuettes contemporaines. *Paris, Giraud,* 1852, in-12, cart., non rogné.

685. **Monselet** (Ch.). Figurines parisiennes. *Paris, J. Dagneau,* 1854, in-18, cart., non rogné.

686. **Monselet** (Ch.). La Franc-maçonnerie des femmes. *Paris, Librairie Nouvelle,* 1871, in-12. — Théâtre du Figaro, avec un rideau dessiné par Ch. Voillemot. *Paris, Sartorius,* 1861, in-12. — Les Galanteries du XVIIIe siècle. *Paris, Michel Lévy,* 1862, in-12. — Ens. 3 vol. in-12, demi-rel. mar. ch. vert, tête dor., non rognés.

687. **Monselet** (Ch.). Le Plaisir et l'Amour. *Paris, F. Sartorius,* 1865, in-12, portr., demi-rel. mar. rouge, non rogné.

688. **Monselet** (Ch.). Gastronomie. Récits de table. *Paris, Charpentier*, 1874, in-12, demi-rel. mar. rouge, tête dor., non rogné.

689. **Monselet** (Ch.). Le Musée secret de Paris. *Leipzig, Durr*, *s. d.*, in-18, demi-rel, mar. ch. brun, tête dor., non rogné.

690. **Montaigne** (Michel de). Les Essais. Nouvelle édition enrichie et augmentée du nom des auteurs qui y sont citez, etc. *Paris, L. Rondet*, 1669, 3 vol. in-12, titre gravé, demi-rel. mar. br., tr. jasp.

691. **Montaigne** (Michel de). Essais. Nouvelle édition. *Paris, Lefèvre*, 1818, 5 vol. in-8, portr., v. fauv., fil., tr. dor. (*Koehler.*)

Très bel exemplaire grand papier.

692. **Monument** du Costume physique et moral de la fin du XVIIIe siècle ou Tableaux de la Vie, ornés de 26 figures dessinées et gravées par Moreau le jeune, texte par Restif de la Bretonne, revu et corrigé par Ch. Brunet, préface par A. de Montaiglon. *Paris, L. Willem*, 1876, in-fol., fig., demi-rel. mar. violet, dos et coins, tête dor., non rogné.

693. **Monument** du Costume. Les Vingt-quatre Estampes, dessinées par Moreau le jeune, en 1776-1783, pour servir à l'histoire des modes et du costume dans le XVIIIe siècle, gravées au burin par Dubouchet. *Paris, L. Conquet*, 1881. Texte gravé, pet. in-4 et pl. in-4 dans un carton.

Exemplaire tiré en bistre sur papier du Japon, épreuves en double état. Eaux-fortes pures et épreuves terminées avec nom à la pointe.

694. **Morale** (La) de Confucius, philosophes de la Chine. *Londres* (*Cazin*), 1783, in-18, portr. gravé, v. éc., fil., tr. dor.

695. **Morale universelle**. L'Esprit des Grecs, des Latins, des Orientaux, des Italiens, des Anglais et des Allemands. *Paris, Hetzel*, *s. d.*, 6 vol. in-12, demi-rel. mar. ch. vert, dos et coins, tête dor., non rognés.

696. **Moreau de Saint-Méry**. De la Danse. *Parme, imprimé par Bodoni*, 1803, pet. in-12, demi-rel. mar. bleu, dos et coins, tête dor., non rogné. (*Bauzonnet-Trautz.*)

697. **Moreau** (Hégésippe). Œuvres. Nouvelle édition précédée d'une notice littéraire par Sainte-Beuve. *Paris, Garnier*, 1870, in-12, demi-rel. mar. bleu, dos orné, tête dor., non rogné.

698. **Morus** (Thomas). L'Utopie. Idée ingénieuse pour remédier au malheur des hommes. Traduite nouvellement en françois par Gueudeville. *Leide, P. Vander Aa*, 1715, in-12, fig., v. brun.

699. **Motteville** (Mme de). Mémoires sur Anne d'Autriche et sa cour. Nouvelle édition, d'après le manuscrit de Conrart, avec notice sur Mme de Motteville par Sainte-Beuve. *Paris, Charpentier*, 1855, 4 vol. in-12, demi-rel. mar. ch. violet, tr. jasp.

700. **Mouravit** (Gustave). Le Livre et la petite Bibliothèque d'amateur. Essai de critique, d'histoire et de philosophie morale sur l'amour des livres. *Paris, Aubry*, 1869, in-8, pap. vergé, demi-rel. mar. vert, dos et coins, tête dor., non rogné. (*Allô.*)

701. **Muntz** (Eugène). Raphaël, sa vie, son œuvre et son temps. *Paris, Hachette*, 1881, in-4, fig., demi-rel. mar. vert, dos et coins. non rogné.

L'un des 20 exemplaires tirés sur papier de Chine.

702. **Muret** (Théod.) L'Histoire par le Théâtre, 1789-1851. *Paris, Amyot*, 1865, 3 vol. in-12, demi-rel. mar. vert, tr. jasp.

703. **Musée Dantan.** Galerie des Charges et Croquis des célébrités de l'époque, avec texte explicatif et biographique (par Louis Huart). *Paris, H. Delloye*, 1839, gr. in-8, demi-rel. mar. ch. vert, tr. dor.

704. **Musée** historique de Versailles, gravé par les plus habiles artistes avec un texte explicatif par M. Théod. Burette. *Paris, Société des Publications illustrées*, 1845, 3 vol. in-4 fig., cart., non rognés.

200 planches gravées.

705. **Musée** Religieux ou choix des plus beaux tableaux inspirés par l'Histoire sainte aux peintres les plus célèbres, gravés à l'eau-forte par Reveil. *Paris, Hivert*, 1836, 4 vol. in-12, fig., demi-rel. v. bleu, non rognés.

300 figures au trait.

706. **Musée** Romain. Recueil de 46 planches. Portes, Statues, Tableaux. Décorations intérieures, etc. *Rome*, 1829, in-fol., demi-rel. mar. rouge.

Extrait de l'ouvrage de Pistolesi sur le Vatican.

707. **Musset** (Alfred de). Œuvres. *Paris, Charpentier*, 1867, 9 vol. in-12, demi-rel. mar. ch. vert, tête dor., non rognés.

708. **Nadaud** (Gustave). Collection complète des Chansons, *Paris, Heugel*, 1861, 3 vol. gr. in-8, demi-rel. mar. rouge, tr. jasp.

709. **Nadaud** (Gustave). Chansons. 5e édition, augmentée de 25 chansons nouvelles. *Paris, Frédéric Henry*, 1865, in-12, demi-rel. mar. bleu, tr. jasp.

710. **Nadaud** (Gustave). Chansons populaires. — Chansons de salon. — Chansons légères. Eaux-fortes par Edmond Morin. *Paris, Librairie des Bibliophiles*, 1879, 3 vol. in-12, demi-rel. mar. vert, dos et coins, tête dor., non rognés. (*David.*)

711. **Narrey** (Charles). Albert Durer à Venise et dans les Pays-Bas, trad. de l'allemand. Ouvrage orné de 27 gravures sur papier de Chine. *Paris, Ve Renouard*, 1866, gr. in-8, mar. violet, compart. fers à froid, tr. dor.

712. **Nisard** (Charles). Histoire des livres populaires ou de la littérature du colportage, depuis l'origine de l'imprimerie jusqu'à l'établissement de la Commission d'examen des livres du colportage — 30 novembre 1852. *Paris, Dentu*, 1864, 2 vol. in-12, fig., demi-rel. mar. vert, dos et coins, tête dor., non rognés.

713. **Nisard** (Ch.). Des Chansons populaires chez les anciens et chez les Français. *Paris, Dentu*, 1867. 2 vol. in-12, demi-rel. mar. rouge, dos ornés, tête dor., non rognés.

714. **Nouvelle** iconographie des camellias, contenant les figures et la description des plus rares, des plus nouvelles et des plus belles variétés de ce genre. Années 1848 à 1855. *Gand, Verschaffelt*, 1848-55, 7 tomes en 3 vol. gr. in-8, pl. col., demi-rel. mar. ch. rouge, tr. jasp.

715. **Nuitter** (Charles). Le Nouvel Opéra. Ouvrage contenant 59 gravures sur bois et 4 plans. *Paris, L. Hachette*, 1875, gr. in-8, demi-rel. mar. rouge, dos et coins, tête dor., non rogné. (*David*).

Exemplaire tiré sur papier de Chine.

716. **Old Nick** et **Grandville**. Petites misères de la vie humaine. *Paris, H. Fournier*, 1843, gr. in-8, mar. rouge, tr. dor.

717. **Olivier** (Aimé), vicomte de Sanderval. De l'Atlantique au Niger, par le Foutah-Djallon. Carnet de voyage. Dessins de Benett, Dufaux, etc. *Paris, Ducrocq*, 1882, gr. in-8, carte color., broché.

718. **Ovide**. Les Œuvres galantes et amoureuses. *Londres* (*Cazin*). 1786, 2 vol. in-18, portrait par Marillier, v. éc., fil., tr. dor.

719. **Pailleron** (Ed.). Amours et Haines. *Paris, Michel Lévy*, 1869, in-12, demi-rel. mar. rouge, dos orné, tête dor., non rogné.

720. **Palissot** (Ch.). La Dunciade, poème en dix chants. — La Dunciade de Pope au Dr Jonathan Swift. *Londres* (*Cazin*), in-18, portr. v. éc., fil., tr. dor.

721. **Paris** et les Parisiens au XIXe siècle. Mœurs, arts et monuments. Texte par A. Dumas, Th. Gautier, etc. Illustrations par Eug. Lami, Gavarni, etc. *Paris, Morizot, s. d.*, gr. in-8, cart., non rogné.

722. **Paris** ridicule et burlesque au XVIIe siècle, par Claude Le Petit, Berthod, Scarron, François Colletet, Boileau, etc. Nouvelle édition, revue et corrigée, avec des notes par P.-L. Jacob. *Paris, Delahays*, 1859, in-12. pap. vergé, cart., non rogné.

723. **Parnes** (Roger de). Le Directoire, portefeuille d'un Incroyable, avec préface par G. d'Heylli. *Paris, Rouveyre*, 1880, in-8, demi-rel. mar. rouge, dos et coins, tête dor., non rogné.

724. **Parny** (Évariste). Œuvres. *Paris, Debray*, 1808, 5 vol. in-18, demi-rel. mar. rouge, dos et coins, tête dor., non rognés.

725. **Pascal.** Pensées publiées d'après le texte authentique avec des notes philosophiques et théologiques, par Victor Rocher. *Tours, Mame*, 1873, gr. in-8, portr. demi-rel. mar. vert, dos et coins, tête dor., non rogné.

726. **Passion** (La) de Notre-Seigneur Jésus-Christ, d'après la concorde des quatre évangélistes. Figures d'après Henri Goltzius, peintre et graveur du XVIe siècle. *Paris, L. Curmer*, 1860, gr. in-4, demi-rel. mar. brun, non rogné.

727. **Patinus** (Carolus). Imperatorum romanorum numismata, ex aere mediæ et minimæ formæ descripta et enarrata. *Argentinæ, apud Simonem Paulli*, 1671, in-fol., front. de Chauveau et fig., vél. blanc, fers à froid.

728. **Peignot** (G.). Dictionnaire raisonné de Bibliologie. *Paris, Villier*, 1802-1804, 3 vol. in-8, v. marb.

Piqûre de ver au tome II.

729. **Peignot** (Gabriel). Traité du choix des livres, contenant des observations sur la nature des ouvrages les plus propres à former une collection peu considérable, mais précieuse sous le rapport du goût, etc. *Paris, A.-A. Renouard*, 1817, in-8, demi-rel. mar. chag. brun, tr. jasp.

730. **Peignot** (G.). Amusements philologiques ou variétés en tous genres. Seconde édition. *Dijon, V. Lagier*, 1824, in-8, demi-rel., bas.

731. **Peignot** (G.). Le Livre des singularités. *Dijon, V. Lagier*, 1841, in-8, demi-rel. mar. vert, non rogné.

732. **Pellerin** (Jos.). Recueil de médailles de peuples et de villes, qui n'ont point encore été publiées, ou qui sont peu connues. *Paris, Guérin, et Delatour*, 1763, 3 vol. in-4, fig., v. fauve. — Mélanges de diverses médailles, pour servir de supplément aux Recueils des médailles de rois et de villes. *Paris, Guérin et Delatour*, 1765, 2 vol. in-4, fig., demi-rel., v. fauve, non rognés.

733. **Perles** et Parures. Fantaisie par Gavarni, texte par Méry. *Paris, G. de Gonet, s. d.* (1850), 2 vol. gr. in-8, cart., vél. bl., non rognés.

Première édition, avec les planches en double état sur papier de Chine et sur papier vélin avec marges découpées en dentelle.

734. **PERRAULT** (Charles). **CONTES DU TEMPS PASSÉ**, précédés d'une notice littéraire, par E. de La Bédollière, illustrés par Pauquet, Jacque, Beaucé, etc., texte gravé par Blanchard. *Paris, L. Curmer*, 1843, gr. in-8, mar. vert clair, fil., dos orné, dent. intér., tr. dor. (*Chambolle-Duru.*)

Bel exemplaire.

735. **Perrault** (Charles). Les Contes des fées, en prose et en vers. 2e édition, revue et corrigée sur les éditions originales, et précé-

dée d'une lettre critique, par Ch. Giraud. *Lyon, imprimerie de L. Perrin,* 1865, in-8, portr. et fig., mar. vert, fil. à la Du Seuil, dos orné, dent. int., tr. dor. (*Thivet.*)

Exemplaire tiré sur papier vergé teinté, avec le portrait et les figures en quatre états, les vignettes en triple état.

736. **Perrault** (Charles). Les Contes, précédés d'une préface par P.-L. Jacob, et suivis de la dissertation sur les contes de fées, par le baron Walckenaer. Douze eaux-fortes par Lalauze. *Paris, Librairie des Bibliophiles,* 1876, 2 vol. in-12, demi-rel. mar. citron, dos et coins, tête dor., non rognés. (*David.*)

737. **Persii** (Auli Flacci). D. Juvenalis et Sulpiciæ Satyrarum, nova editio diligenter recognita. *Parisiis, J. Barbou,* 1776, in-12, front. gr., v. éc., fil., tr. dor.

738. **Petit-Senn** (J.). Œuvres anciennes et nouvelles. *Genève et Bâle, H. Georg,* 1871, 3 vol. pet. in-12, demi-rel. mar. brun, non rognés.

739. **Petits** poètes français, depuis Malherbe jusqu'à nos jours, avec des notices biographiques et littéraires sur chacun d'eux, par Prosper Poitevin. *Paris, Desrez,* 1838-1839, 2 vol. gr. in-8, demi-rel. mar. ch. violet, tr. jasp.

740. **Pfeiffer** (Mme Ida). Voyage d'une femme autour du monde. — Mon second voyage autour du monde. Trad. de l'allemand par W. de Suckau. *Paris, Hachette,* 1865, 2 vol. in-12, carte, demi-rel. mar. ch. rouge, tr. jasp.

Mouillures au 2e volume.

741. **Phaedri** (Aug. Liberti). Fabulae. Éd. And. Philippe. *Parisiis, Barbou,* 1754, in-12, front. et fig., v. marb., fil., tr. dor.

742. **Phèdre.** Fables traduites en français avec le texte et ornées de gravures. *Paris, P. Didot l'aîné,* 1806, 2 vol in-18, demi-rel. cuir de Russie, tr. jasp.

743. **Pibrac.** Les Quatrains, suivis de ses autres poésies, avec une notice par Jules Claretie. *Paris, A. Lemerre,* 1874, pet. in-12, demi-rel. mar. bleu, dos orné et coins, tête dor., non rogné. (*Hardy.*)

744. **Pixerécourt** (G. de). Théâtre choisi, précédé d'une introduction par Ch. Nodier, avec le portrait de l'auteur, gravé par Bosselmann. *Paris, Tresse,* 1841-1843, 4 vol. in-8, demi-rel. mar. vert, dos et coins, tête dor., non rognés. (*Hardy.*)

Exemplaire auquel on a ajouté : 67 portraits de personnages célèbres et trois lettres autographes de Tautin, Corsse et Mlle Bourgeois, artistes dramatiques.

745. **Plan** topographique et raisonné de Paris. Ouvrage utile au citoyen et à l'étranger, par les sieurs Pasquier et Denis, graveurs. *Paris,* 1758, in-12, v. marb.

746. **Planche** (Gustave). Études sur l'École française (1831-1852). Peinture et sculpture. *Paris, Michel Lévy*, 1855, 2 vol. in-12, demi-rel. mar. rouge, tête dor., non rognés.

747. **Plaute**. Théâtre. Traduction nouvelle, accompagnée de notes, par J. Naudet. *Paris, Lefèvre*, 1845, 4 vol. in-12, demi-rel., mar. rouge, tête dor., non rognés.

748. **Pléiade** (La). Ballades, fabliaux, nouvelles et légendes. — Homère. — Veda-Wyasa. — Marie de France. — Burger. — Hoffmann. — Ch. Dickens. — Gavarni. — H. Blaze. *Paris, L. Curmer*, 1842, in-8, fig., mar. vert, fil., tr. dor. (*Chambolle-Duru.*)

Bel exemplaire avec la couverture.

749. **Plutarque**. Œuvres, traduites du grec par Amyot, avec des notes et des observations par MM. Brotier et Vauvilliers. Nouvelle édition revue, corrigée et augmentée, par E. Clavier. *Paris, de l'imprimerie de Cussac*, 1801-1806, 25 vol. gr. in-8, fig., pap. vél., demi-rel. mar. rouge, non rognés. (*Capé.*)

Exemplaire auquel on a ajouté la suite des figures dess. par Le Barbier, et différents portraits, ensemble 75 pièces.
Provient de la vente Emm. Martin.

750. **Podestat** (Maurice de). La Comédie au boudoir. Sept eaux-fortes par MM. Feyen-Perrin, Lalanne, Martial, E. Morin, Beyle, et quatorze vignettes sur bois. *Paris, Librairie Internationale*, 1868, in-12, demi-rel. mar. ch. bleu, tête dor., non rogné.

Exemplaire tiré sur papier de Hollande.

751. **Poë** (Edgar). Aventures d'Arthur Gordon Pym. Traduction de Charles Baudelaire. *Paris, Michel Lévy*, 1868, in-12. — Histoires extraordinaires et nouvelles histoires extraordinaires. Traduction de Charles Baudelaire *Paris, Michel Lévy*, 1869-1870, 2 vol. in-12. Ensemble, 3 vol. in-12, demi-rel. mar. rouge, tête dor., non rognés.

752. **Poésies** diverses attribuées à Molière ou pouvant lui être attribuées, recueillies et publiées par P.-L. Jacob. *Paris, Lemerre*, 1869, in-12, demi-rel. mar. rouge, dos et coins, tête dor., non rogné.

753. **Poètes** (Les) français, recueil des chefs-d'œuvre de la Poésie française depuis les origines jusqu'à nos jours. Publié sous la direction de M. Eug. Crepet, *Paris, Gide*, 1861, 4 vol. in-8, demi-rel. mar. violet, non rognés.

754. **Poge, Florentin**. Les Facecies, traitant de plusieurs nouvelles choses morales. Traduction française de Guillaume Tardif, du Puy-en-Velay, lecteur du roi Charles VIII, réimprimée pour la première fois sur les éditions gothiques, avec une préface et des tables de concordance par Anatole de Montaiglon. *Paris, Léon Willem*, 1878, in-8, pap. vergé, demi-rel. mar. brun, tête dor., non rogné.

755. **Poggiana** ou la vie, le caractères, les sentences et les bons mots de Pogge florentin. *Amsterdam, P. Humbert*, 1720, in-12, demi-rel. mar. rouge, dos et coins, tr. dor.

756. **Poisle Desgranges.** Les Sonnets impossibles avec douze eaux-fortes par Alfred Taiée. *Paris, Bachelin-Deflorenne*, 1873, in-8, pap. de Hollande, demi-rel. mar. orange, dos et coins, tête dor., non rogné.

Tiré à 100 exemplaires.

757. **Poisle Desgranges** (J.). Le Roman à l'eau-forte en douze chapitres inédits, illustré par Alfred Taiée. *Paris, Bachelin-Deflorenne*, 1874, gr. in-8, demi-rel. mar. orange, dos et coins, tête dor., non rogné. (*Raparlier.*)

L'un des 10 exemplaires tirés sur papier de Chine.

758. **Ponce.** Les Illustres français ou tableaux historiques des grands hommes de la France. Collection de 56 planches représentant 500 portraits, tableaux et bas-reliefs, ornés d'allégories accompagnés de notices historiques. *Paris, Maurice s. d.*, in-fol., demi-rel. mar. ch. rouge, non rogné.

759. **Ponce.** Les Illustres français ou tableaux historiques des grands hommes ds la France, dessins de Marillier. *Paris, l'Auteur, s. d.*, in-fol., pl. (43), cart., non rogné.

760. **Pons** (de Verdun). Les Loisirs ou Contes et poésies diverses. *Paris, Brasseur aîné*, 1807, in-8, demi-rel. mar. ch. rouge, non rogné.

761. **Pons** (Louis-Morin). Heures de Tristesse, vers et prose. *Lyon, L. Perrin*, 1867, gr. in-8, demi-rel. mar. violet, tête dor., non rogné.

762. **Ponsard** (F.). Œuvres complètes. *Paris, Michel Lévy*, 1865, 2 vol. gr. in-8, demi-rel. mar. rouge, tête dor., non rognés.

763. **Pope** (Alexandre). Œuvres complètes, traduites en françois. Nouvelle édition, augmentée du texte anglois mis à côté des meilleures pièces, et ornée de belles gravures (d'après Marillier). *Paris, Vve Duchesne*, 1779, 8 vol. in-8, bas.

764. **Portalis** (Baron Roger). Les Dessinateurs d'illustrations au XVIIIe siècle. *Paris, D. Morgand et Fatout*, 1877, 2 vol. in-8, fr at. de Jacquemart, demi-rel. mar. rouge, tête dor., non rognés.

765. **Portalis** (Baron Roger) et **Béraldi** (Henri). Les Graveurs du XVIIIe siècle. *Paris, D. Morgand et Fatout*, 1880-1882, 3 vol. in-8, pap. de Hollande, brochés.

766. **Pradère.** La Bretagne poétique. *Paris, Librairie Générale*, 1872, in-8, demi-rel. mar. rouge, dos et coins, tête dor., non rogné.

767. **Prarond** (Ernest). Paroles sans musique. *Paris, Michel Lévy*, 1855, in-12, demi-rel. mar. orange, tr. jasp.

768. **Prévost** (l'Abbé). Nouvelles Lettres angloises, ou Histoire du chevalier Grandisson. *Londres et Paris, Cazin*, 1786, 7 vol. in-18, fig. d'après Marillier, v. éc., fil., tr. dor.

769. **Prévost** (l'Abbé). Histoire de Manon Lescaut et du chevalier Des Grieux. *Paris, Werdet et Lequien*, 1827, 2 parties en 1 vol. gr. in-8, fig. d'après Desenne, sur pap. de Chine, demi-rel. v. rose, dos et coins, non rogné.

770. **Prévost** (l'Abbé). Histoire du chevalier Des Grieux et de Manon Lescaut. *Paris, Lemerre*, 1870, pet. in-12, demi-rel. mar. citron, dos orné, tête dor., non rogné. (*Cuzin.*)

L'un des 50 exemplaires tirés sur papier de Chine, avec les figures de Chauvet avant la lettre.

771. **Prévost** (l'Abbé). Histoire de Manon Lescaut et du chevalier Des Grieux, précédée d'une Étude par Arsène Houssaye. Six eaux-fortes par Hédouin. *Paris, Librairie des Bibliophiles*, 1874, 2 tomes en 1 vol. in-12, demi-rel. mar. vert, dos et coins, tête dor., non rogné. (*Allô.*)

L'un des 25 exemplaires tirés sur papier de Chine, avec les figures avant la lettre.

772. **Primerose**, par M..el de V..dé (Morel de Vindé). *Paris, de l'imprimerie de P. Didot l'aîné*, 1798, in-18, fig., de Le Febvre, grav. par Godefroy, demi-rel. mar. rouge, dos et coins, tête dor., non rogné. (*David.*)

773. **Procès** fait aux Chanson de P.-J. de Béranger avec le réquisitoire de Me Marchangy, le plaidoyer de Me Dupin et autres pièces. *Paris, chez les Marchands de nouveautés*, 1821, in-12, v. fauve.

774. **Pucelle** (La) de Paris. Poème en douze chants (par de Congé-Dubreuil). *Londres*, 1776, in-8, fig., mar. orange, fil., dos orné, dent. intér., tr. dor. (*Hardy.*)

775. **Quatrelles** (Ernest-Lépine). A coups de fusil. Ouvrage illustré de trente dessins originaux hors texte, par A. de Neuville. *Paris, Charpentier*, 1877, in-4, demi-rel. mar. violet, dos et coins, tête dor., non rogné. (*Pouillet.*)

Exemplaire contenant les deux planches supprimées par l'éditeur.

776. **Quérard** (J.-M.). La France littéraire ou Dictionnaire bibliographique des savants, historiens et gens de lettres de la France, plus particulièrement pendant les XVIIIe et XIXe siècles. *Paris, Firmin-Didot*, 1827-1864, 12 vol. in-8, demi-rel. mar. rouge, dos et coins, non rognés.

777. **Quérard** (J.-M.), Louandre et Bourquelot. La Littérature française contemporaine (1827-1840). Continuation de la France littéraire. *Paris, Daguin frères et Delaroque*, 1840-1857, 6 vol. in-8, dem rel. v. violet.

778. **Quérard** (J.-M.). Les Supercheries littéraires dévoilées. Seconde édition, considérablement augmentée, publiée par G. Brunet et P. Jannet. *Paris, Daffis*, 1869-1870, 3 tomes en 6 parties gr. in-8, brochées.

779. **Quitard**. Proverbes sur les femmes, l'amitié, l'amour et le mariage. *Paris, Garnier*, 1861, in-12, demi-rel. mar. citron, tête dor., non rogné.

780. **Rabelais** (François). Les Quatre Livres, publiés par les soins de MM. de Montaiglon et Louis Lacour. *Paris, Jouaust*, 1868-1872, 3 vol. in-8, demi-rel. mar. rouge, dos et coins, tête dor., non rognés.

781. **Rabelais**. Les Cinq Livres, publiés avec des variantes et un Glossaire, par P. Chéron, et ornés de 11 eaux-fortes par E. Boilvin. *Paris, Librairie des Bibliophiles*, 1876-1877, 5 vol. in-12, demi-rel. mar. vert, dos et coins, tête dor., non rognés. (*David*.)

782. **Rabelais** analysé, ou Explication de 76 figures gravées pour ses œuvres par les meilleurs artistes du siècle dernier, augmentées de l'ancienne clef et de celle de Le Motteux, par Fr. Michel. *Paris, Barba*, 1830, in-8, demi-rel. v. vert, tr. marbr.

783. **Raccolta** de' più belli ed interessanti Dipinti, Musaici ed altri monumenti rinvenuti negli Scavi di Ercolano, di Pompei, e di Stabia, che ammiransi nel Museo Nazionale. *Napoli, per cura di Tarallo e Paderni*, 1871, in-4, pl. noires et coloriées, cart., non rogné.

784. **Racine** (Jean). Œuvres. Nouvelle édition plus correcte que les précédentes. *Paris, Compagnie des Libraires*, 1767, 3 vol. in-12, portr., demi-rel. mar. violet, dos et coins, tête dor.

785. **Racine** (Jean). Œuvres. *Londres (Cazin)*, 1782, 3 vol. in-18, portr. gr., v. éc., fil., tr. dor.

786. **Racine** (Jean). Œuvres, précédées des Mémoires sur sa vie, par Louis Racine. Nouvelle édition ornée du portrait et des dessins de M. Geffroy. *Paris, Laplace*, 1870, gr. in-8, demi-rel. mar. ch. violet, dos et coins, tête dor., non rogné.

787. **Racinet**. Le Costume historique, 500 planches, 300 en couleurs or et argent, 200 en camaïeu. *Paris, F. Didot et Cie, s. d.*, livraisons 1 à 10, in-fol. cart., non rognées.

788. **Rambosson** (J.). Les Lois de la vie et l'art de prolonger ses jours. *Paris, Firmin-Didot*, 1872, in-8, demi-rel. mar. ch. vert, tr. jasp.

789. **Ramée** (D.). La Locomotion. Histoire des chars, carrosses, omnibus et voitures de tous genres. *Paris, Amyot*, 1856, in-12, fig., mar. ch. vert, non rogné.

790. **Raoul** (le Trouvère). Messire Gauvain, ou la Vengeance de Raguidel, poème de la Table ronde, publié et précédé d'une introduction, par C. Hippeau. *Paris, Aubry*, 1862, pet. in-8, demi-rel. mar. rouge, dos et coins, tête dor., non rogné. (*David*.)

L'un des 50 exemplaires tirés sur papier vergé.

791. **Ratisbonne** (Louis). Les Figures jeunes. Poésies. *Paris, Hetzel*, 1865, in-8, mar. bleu, non rogné.

792. **Reboul** (Jean) de Nîmes. Poésies précédées d'une notice biographique et littéraire. *Paris, Delloye*. 1842, in-12, portr. demi-rel. mar. violet, tête dor., non rogné.

793. **Récamier** (Mme). Souvenirs et Correspondance. *Paris, Michel Lévy*, 1873, 2 vol. in-12, demi-rel. mar. ch. rouge, tête dor., non rognés.

794. **Recherches** historiques et critiques sur quelques anciens spectacles et particulièrement sur les Mimes et les Pantomimes, avec des notes. *Paris, J. Merigot*, 1751, in-12 cart., non rogné.

795. **Reclus** (Élisée). Nouvelle géographie universelle. La Terre et les Hommes. *Paris, Hachette*, 1875-1887, 12 vol. in-4, fig. et cartes, brochés.

Exemplaire tiré sur papier de Chine. Manque : les tomes VIII et IX.

796. **Recueil** de Farces, Soties et Moralités du XVe siècle, réunies pour la première fois, et publiées avec des notices et des notes par P.-L. Jacob. *Paris, Delahays*, 1859, in-12, demi-rel. mar. ch. vert, tr. jasp.

797. **Recueil** de pièces choisies, rassemblées par les soins du Cosmopolite. *A. Anconne* (*Leyde*, 1865), 1 tome en 2 parties in-8, broché.

798. **Redelsperger** (J.). Pâquerette. Eaux-fortes de Chauvet. *Paris, Jouaust*, 1874. in-12, demi-rel. mar. brun, dos et coins, tête dor., non rogné.

799. **Réflexions** sur les Éloges suivies d'un Éloge historique du nombre Trois (par de Saint-Fréville). — L'Éloge de Rien, dédié à Personne (par Coquelet). *Paris, Ant. de Heuqueville*, 1730, 2 parties en 1 vol. pet. in-8, demi-rel. bas.

800. **Regnard**. Théâtre. Nouvelle édition, revue, corrigée et conforme à la représentation. *Londres* (*Cazin*), 1784. 4 vol. in-18, portr. gr., v. éc., fil., tr. dor.

801. **Regnier**. Œuvres. Nouvelle édition, considérablement augmentée. *Genève* (*Cazin*), 1777, in-18, front. gr., v. éc., fil., tr. dor.

802. **Rémusat** (Charles de). Philosophie religieuse. De la Théologie naturelle en France et en Angleterre. *Paris, G. Baillière*, 1864, in-12, demi-rel. mar. vert, non rogné.

803. **René** (Le Roi). Œuvres choisies, avec une biographie et des notices par le comte de Quatrebarbes, et un grand nombre de dessins et ornements, d'après les tableaux et manuscrits originaux par M. Hawké. *Paris, Picard*, 1849, 2 vol. in-4, demi-rel. mar. brun, tr. dor.

804. **Renée** (Amédée). Les Nièces de Mazarin, études de mœurs et de caractères au XVIIe siècle. *Paris, Didot*, 1856, in-8, demi-rel. mar. ch. rouge, tr. jasp.

805. **Renouard** (Ant.-Aug.). Annales de l'Imprimerie des Estienne, ou Histoire de la Famille des Estienne et de ses éditions. *Paris, J. Renouard*, 1837-1838, 2 vol. in-8, demi-rel. mar. brun, dos et coins, tête dor., non rognés. (*David*).

806. **Renouvier** (Jules). Des gravures sur bois dans les livres de Simon Vostre, libraire d'Heures. *Paris, Aubry*, 1862, brochure in-8, fig.

807. **Revue Britannique**, ou Choix d'articles traduits des meilleurs écrits périodiques de la Grande-Bretagne. De l'origine, 1825, à 1887, avec la Table générale de 1825 à 1880. *Paris, au Bureau de la Revue*, 1825-1887, 340 vol. in-8 dont 120 demi-rel. mar. ch. violet, et 220 brochés.

Les années 1825 à 1835 sont de la réimpression publiée sous le titre de collection décennale.

808. **Revue comique**, à l'usage des gens sérieux. Texte par A. Lireux, C. Caraguel, Gérard de Nerval, etc. Dessins par Bertall, Nadard, Lorentz, Quillenbois, etc. Novembre 1848. — Avril 1849. *Paris, Dumineray, s. d.*, in-4. — Revue comique... — Mai 1849. — Décembre 1849. *Paris, au Bureau de la Revue, s. d.*, in-4. — Ens. 2 tomes en 1 vol. in-4, demi-rel. mar. vert, dos et coins, non rogné.

809. **Reybaud** (Louis). Jérôme Paturot à la recherche d'une position sociale, édition illustrée par J.-J. Grandville. *Paris, Dubochet*, 1846, gr. in-8, vél. bl., non rogné.

Première édition avec le dos et la couverture et attributs dessinés sur la reliure.

810. **Reybaud** (Louis). Jérôme Paturot à la recherche de la meilleure des Républiques, édition illustrée par Tony Johannot. *Paris, Michel Lévy*, 1849, gr. in-8, vél. bl., non rogné.

Exemplaire avec le dos et la couverture et attributs dessinés sur la reliure.

811. **Riccoboni** (François). L'Art du Théâtre. *Paris, Simon*, 1750, in-8, cart.

812. **Rich** (Antony). Dictionnaire des antiquités romaines et grecques, accompagné de 2000 gravures d'après l'antique. Trad. de l'anglais sous la direction de M. Chéruel. *Paris, Firmin-Didot*, 1861, pet. in-8, demi-rel. v. fauve, tr. marb.

813. **Richardet**, poème (par Carteromaco). *Londres* (*Cazin*), 1781, 2 vol. in-18, front. gr., v. éc., fil., tr. dor.

814. **Richardson**. Lettres angloises, ou Histoire de miss Clarisse Harlowe. *Londres* (*Cazin*), 1784, 14 vol. in-18, fig., v. éc., fil., tr. dor.

815. **Rimmel** (Eugène). Le Livre des Parfums. Préface d'Alphonse Karr. Illustrations de A. de Neuville, Duhousset, Chéret, etc. *Paris, Dentu, s. d.*, 1870, gr. in-8, demi-rel. mar. citron, dos et coins, tête dor., non rogné. (*Allô.*)

816. **Robert** (Karl). Le Fusain sans maître. Traité pratique et complet sur l'étude du paysage au fusain. *Paris, G. Meusnier*, 1874, gr. in-8, fig., demi-rel. mar. brun. dos et coins, tête dor., non rogné. (*Hardy.*)

817. **Roches** (Mme des). La Puce (1583). Deuxième réimpression publiée par D. Jouaust. *Paris, Librairie des Bibliophiles*, 1872, in-12, demi-rel. mar. bleu, dos et coins, tête dor., non rogné. (*Allô.*)

818. **Roland** (Mme). Mémoires écrits durant sa captivité. Nouvelle édition revue et complétée par P. Faugère. *Paris, Hachette*, 1864, 2 vol. in-12, demi-rel. mar. violet, tr. jasp.

819. **Roman du Renard** (Le), mis en vers, d'après les textes originaux, précédé d'une introduction et d'une Bibliographie par Ch. Potvin. *Paris, Firmin-Didot*, 1862, in-12, demi-rel. mar. ch. brun, tête dor., non rogné.

820. **Roman du roi Flore** (Le) et de la belle Jeanne, publié pour la première fois d'après un manuscrit de la Bibliothèque royale, par Francisque Michel. *Paris, Techener*, 1838, in-12, demi-rel. mar. bleu, dos et coins, tête dor., non rogné. (*Allô.*)

L'un des 15 exemplaires tirés sur papier de Hollande.

821. **Rothschild** (Arthur de). Histoire de la Poste aux lettres, depuis ses origines les plus anciennes jusqu'à nos jours. *Paris, Librairie Nouvelle*, 1873, in-12, pap. vergé, demi-rel. mar. rouge, tête dor., non rogné.

822. **Rousseau** (J.-J.). Émile, ou de l'Éducation. *Londres* (*Cazin*), 1780-1781, 4 vol. in-18, fig. d'après Moreau, mar. rouge, fil. tr. dor. (*Rel. anc.*)

823. **Rousseau** (J.-J.). Les Confessions, avec une préface par Marc Monnier. Treize eaux-fortes par Ed. Hédouin. *Paris, Librairie des Bibliophiles*, 1881, 3 vol. in-12, brochés.

824. **Rousseau** (J.-J.). Correspondance originale et inédite avec Mme Latour de Franqueville et M. Du Peyrou. *Paris, Giguet et Michaud*, 1803, 2 vol. in-12. demi-rel. v. vert, dos et coins tête dor. non rognés.

825. **Rousseau** (J.-J.). Œuvres. Suite d'un portrait gr. par Saint-Aubin, d'après de La Tour et 37 figures dess. par Moreau et Le Barbier, gr. par de Launay, Le Mire, Duclos, Simonet, Choffard et Halbou, in-4° cart., non rogné.

826. **Rousseau** (J.-B.). Œuvres. Nouvelle édition. *Londres* (*Cazin*), 1781. 2 vol. in-18, portr. v. éc., tr. dor.

827. **Rouveyre** (Édouard). Connaissances nécessaires à un bibliophile. Troisième édition, revue, corrigée et augmentée de sept planches et de cinq spécimens de papier. *Paris, Rouveyre*, 1879, in-8, pap. vergé, demi-rel. mar. rouge, tête dor., non rogné.

828. **Royaume du Bosphore** (Le), avec documents paléographiques, funéraires, vases peints, cartes et vues, par Achic (Antoine). Texte russe. *Odessa, typ. Neumann*, 1848, in-4, demi-rel. mar. ch. vert, tr. jasp.

829. **Royaumont** (de). Histoire du Vieux et du Nouveau Testament. Édition nouvelle, enrichie de figures en taille-douce. *Suivant la copie imprimée à Paris*, 1686, in-12, v. br.

830. **Royer** (Alphonse). Histoire universelle du Théâtre. *Paris, Franck*, 1869. 4 vol. in-8, demi-rel. mar. vert, non rognés.

831. **Sablé** (Mme de). Maximes (1678), publiées par D. Jouaust, imprimeur. *Paris, Librairie des Bibliophiles*, 1870, in-12, demi-rel. mar. ch. brun, dos et coins, tête dor., non rogné.

832. **Sabran-Pontevès** (Duc de). A travers les champs de la Pensée. Simples esquisses religieuses et philosophiques. *Paris, R. Ruffet et Cie*, 1870, in-12, demi-rel. mar. violet, dos et coins, tête dor., non rogné.

833. **Saint-Évremond.** Œuvres mêlées, revues, annotées et précédées d'une Histoire de la vie et des ouvrages de l'auteur, par Ch. Giraud. *Paris, L. Techener*, 1865, 3 vol. in-12, demi-rel. mar. rouge, tête dor., non rognés. (*Belz-Niedrée*).

834. **Saint-Foix** (M. de). Œuvres complètes. *Paris, Ve Duchesne*, 1778, 6 vol. in-8, demi-rel. v. fauve, dos et coins, tête dor., non rognés.

835. **Saint-Julien** (Charles de). Voyage pittoresque en Russie, suivi d'un Voyage en Sibérie, par R. Bourdier. Illustrations de MM. Rouargue, Outwaith et Kernot. *Paris, Belin-Leprieur et Morizot*, *s. d.*, gr. in-8, cart., tr. dor.

836. **Saint-Lambert**. Les Saisons. Poème. *Londres, (Cazin)*, 1782, in-18, front. gr., v. éc., fil., tr. dor.

837. **Saint-Lambert**. Les Saisons. Poème. *Paris, Didot l'aîné*, 1795, 2 vol. in-18, pap. vélin, demi-rel. mar. rouge, dos et coins, tête dor., non rognés.

838. **Saint-Marc Girardin**. La Fontaine et les Fabulistes. *Paris, Michel Lévy*, 1867, 2 vol. in-8, demi-rel. mar. bleu, dos et coins, tête dor., non rognés.

839. **Saint-Pierre** (Bernardin de). Paul et Virginie. *Paris, L. Curmer*, 1838, gr. in-8, fig., mar. ch. vert, ornements sur les plats, tr. dor.

Les portraits de Mme de La Tour et du Docteur sont des vignettes anglaises.

840. **Saint-Pierre** (Bernardin de). Paul et Virginie. Précédé d'une Étude sur les origines de Paul et Virginie, par S. Cambray. Eaux-fortes de Laguillermie. *Paris, Librairie des Bibliophiles*, 1878, in-12, demi-rel. mar. vert, dos et coins, tête dor., non rogné. (*Allô.*)

841. **Saint-Pierre** (Bernardin de). Paul et Virginie, avec une introduction, par Alexandre Piédagnel. Orné de six figures hors texte et de deux vignettes dessinées et gravées à l'eau-forte par Ad. Lalauze. *Paris, Liseux*, 1879, in-12, mar. bleu, fil. à la Du Seuil, dos orné, dent. intér., tr. dor. (*Reymann.*)

Exemplaire contenant titre et 4 pièces dess. par Corbould. — 2 pièces dess. par Desenne. — 6 pièces et 2 vignettes dess. par Lalauze, épreuves en double état avant et avec la lettre. — 6 pièces dess. par Hédouin. — 4 pièces dess. par Laguillermie, etc., etc. — Ensemble 38 pièces.

842. **Saint-Simon** (Duc de). Mémoires complets et authentiques sur le siècle de Louis XIV et la Régence, collationnés sur le manuscrit original, par M. Cheruel. *Paris, Hachette*, 1856-58, 20 vol. in-8, portr., demi-rel. mar. bleu, dos et coins, tête dor., non rognés.

843. **Saint-Simon** (Duc de). Papiers inédits. — Lettres et dépêches sur l'ambassade d'Espagne. — Tableau de la cour d'Espagne en 1721. *Paris, Quantin*, 1880, in-8, brochés.

844. **Sainte-Beuve**. Port-Royal. *Paris, Hachette*, 1867, 7 vol. in-12, demi-rel. mar. ch. vert, tête dor., non rognés.

845. **Sainte-Beuve**. Causeries du Lundi. *Paris, Garnier, s. d.*, 15 vol. in-12. Nouveaux Lundis. *Paris, Michel Lévy*, 1870, 13 vol. in-12. Ensemble 28 vol. in-12, demi-rel. mar. ch. vert, tête dor., non rognés.

846. **Sainte-Beuve**. Portraits littéraires et Portraits de femmes. *Paris, Garnier*, 1870, 4 vol. in-12. — Portraits contemporains. *Paris, Michel Lévy*, 1870, 5 vol. in-12. Ensemble 9 vol. in-12, demi-rel. mar. ch. vert, tête dor., non rognés.

847. **Sainte-Beuve.** Poésies complètes. Tableau de la Poésie française au XVIe siècle. *Paris, Charpentier*, 1869, 2 vol. in-12. — Chateaubriand et son groupe littéraire sous l'Empire. *Paris, Garnier*, 1861, 2 vol. in-12. — Chroniques parisiennes, 1843-1845. — Souvenirs et Indiscrétions. *Paris, Michel Lévy*, 1872-1876, 2 vol. in-12. Ensemble 6 vol. in-12, demi-rel. mar. ch. vert, tête dor., non rognés.

848. **Salon** de 1872 à 1879. *Paris, Goupil et Cie*, 1872 à 1879, 16 vol. gr. in-4, fig., demi-rel. mar. rouge, non rognés.

849. **Salon** de 1879. Catalogue illustré, contenant 112 fac-similés d'après les dessins originaux des artistes, publié sous la direction de F.-G. Dumas. *Paris, L. Baschet*, 1879, in-8, demi-rel. mar. rouge, tête dor., non rogné.

850. **Salon** illustré de 1879, comprenant 200 dessins originaux exécutés par les Artistes, d'après leurs œuvres, et accompagnés de poésies inédites. Publié sous la direction de F.-G. Dumas. *Paris, L. Baschet*, 1879, gr. in-8, demi-rel. mar. rouge, dos et coins, non rogné.

851. **Salon de 1880**. Catalogue illustré du Salon, contenant 200 reproductions d'après les dessins originaux des artistes (Sections de peinture et de sculpture), publié sous la direction de F.-G. Dumas. *Paris, L. Baschet* 1880, in-8, demi-rel. mar. rouge, tête dor. non rogné.

852. **Sand** (Maurice). Masques et Bouffons. Texte et dessins. — Gravures par A. Manceau. Préface par George Sand. *Paris, A. Lévy*, 1862, 2 vol. gr. in-8, fig. coloriées, demi-rel. mar. bleu, tête dor., non rognés.

853. **Sardou** (Victorien) et **Gille** (Philippe). Les Prés Saint-Gervais, opéra-bouffe en 3 actes, musique de Charles Lecocq. *Paris, Michel Lévy*, 1875, in-12, demi-rel. mar. vert, dos et coins, tête dor., non rogné. (*Allô.*)

Édition originale avec 20 eaux-fortes, représentant les costumes des personnages de la pièce.

854. **Satyre Ménippée**. De la vertu du Catholicon d'Espagne et de la tenue des Estats de Paris; augmentée de notes et d'un commentaire historique, par Ch. Nodier. *Paris, Delangle*, 1824, 2 vol. gr. in-8, pap. vél., fig. sur papier de Chine, demi-rel. cuir de Russie, non rognés.

855. **Savard** (Félix). Les Actrices de Paris. Préface par H. de Pène. *Paris, Librairie Centrale*, 1867, in-12, demi-rel. mar. rouge, tête dor., non rogné.

856. **Scarron**. Le Virgile travesty en vers burlesques, reveu et corrigé. *Suivant la copie imprimée à Paris* (*Holl. Elzevier*) 1668, in-12, fig., v. brun.

857. **Scarron.** Le Roman comique, avec une préface, par Paul Bourget, eaux-fortes par L. Flameng. *Paris, Jouaust*, 1880, 3 vol. in-12, portr., demi-rel. mar. rouge, dos et coins, tête dor., non rognés.

858. **Scènes** de la vie privée et publique des animaux, vignettes par Grandville. Études de mœurs contemporaines, publiées sous la direction de P.-J. Stahl. *Paris, Paulin*, 1842, 2 vol. gr. in-8, demi rel. mar. ch. vert, tr. jasp.

Première édition.

859. **Scheufelein** (Hans). La Danse des Noces, reproduite par Joh. Schratt avec une notice biographique, par le Dr Andresen. *Paris. Tross*, 1865, in-fol., fig., cart., non rogné.

860. **Scribe** (Eugène). Théâtre complet, seconde édition ornée d'une vignette pour chaque pièce. *Paris, Aimé-André*, 1834-1837, 20 vol. in-8, demi-rel. v. brun, tr. jasp.

861. **Sensier** (Alfred). Étude sur Georges Michel. *Paris, Lemerre*, 1873, gr. in-8, portrait et eaux-fortes, demi-rel. mar. rouge, dos et coins, tête dor., non rogné. (*Hardy*.)

862. **Sève** (Maurice), lyonnais. Délie, objet de plus haulte vertu. Poésies amoureuses. *Lyon, N. Scheuring*, 1862, pet. in-8, portr. cuir de Russie, dent. int., tr. dor.

863. **Sévigné** (Mme de). Lettres recueillies et annotées par M. Monmerqué. Nouvelle édition revue sur les autographes, etc. *Paris, Hachette*, 1862-1866, 14 vol. in-8, demi-rel. mar. vert clair, dos et coins, tête dor., non rognés.

864. **Sévigné** (Mme de). Lettres inédites à Mme de Grignan sa fille, extraites d'un ancien manuscrit, publiées, annotées et précédées d'une introduction par Ch. Capmas. *Paris, Hachette*, 1876, 2 vol. in-8, demi-rel. mar. bleu, dos et coins, tête dor., non rognés.

865. **Sévigné** (Mme de). Lettres choisies, avec une notice par Poujoulat, eaux-fortes par V. Foulquier. *Tours, Mame*, 1871, gr. in-8, portr., demi-rel. mar. rouge, dos et coins, tr. dor.

866. **Sevigniana**, ou Recueil de pensées ingénieuses, d'anecdotes littéraires, etc., tirées des lettres de Mme la marquise de Sévigné. *A Grignan et se trouve à Paris, chez Desaint*, 1768, pet. in-12, demi rel. mar. rouge, dos et coins, tête dor., non rogné.

867. **Siegfried** (Jacques). Seize mois autour du monde, 1867-1869. *Paris, Hetzel*, 1869, in-12, demi-rel. mar. brun, tête dor., non rogné.

868. **Sieurin** (J.). Manuel de l'amateur d'illustrations. Gravures et portraits pour l'ornement des livres français et étrangers. *Paris, Labitte*, 1875, in-8, dem. rel. mar. rouge, tête dor., non rogné. (*Hardy*.)

869. **Simonin** (L.). La Vie souterraine, ou les mines et les mineurs. Ouvrage illustré de 160 gravures sur bois, de 30 cartes tirées en couleur et de 10 planches imprimées en chromolithographie. *Paris, L. Hachette*, 1867, gr. in-8, demi-rel. mar. ch. bleu, tr. dor.

870. **Simonin** (L.). Le Grand-Ouest des Etats-Unis. *Paris, Charpentier*, 1869, in-12, dem. rel. mar. brun, tête dor., non rogné.

871. **Société** d'Aquarellistes français, 1879. Première Exposition. *Paris, imprimerie de Jouaust*, 1879, gr. in-8, broché.

Exemplaire tiré sur papier de Chine.

872. **Société** des Aqua-Fortistes. Eaux-fortes modernes, originales et inédites. Années 1863-1864-1865. *Paris, Cadart et Luquet*, 1863-65, 3 vol. in-fol., cart., non rognés.

180 planches gravées.

873. **Socrate**. Entretiens mémorables, traduits du grec de Xénophon, suivis de Criton et de l'apologie de Socrate, traduite du grec de Platon. *Paris, V. Lecou*, 1850, 2 vol. in-18, demi-rel. mar. rouge, tête dor., non rognés.

874. **Songe** de Poliphile, traduction libre de l'italien (de Francesco Columna), par J.-G. Legrand. *Paris, de l'imprimerie de P. Didot l'aîné*, an XIII (1804). 2 vol. gr. in-18, pap. vél., demi-rel. v. fauve, non rognés. (*Capé.*)

875. **Songes** (Les) drolatiques de Pantagruel où sont contenues plusieurs figures de l'invention de maistre François Rabelais avec une introduction et des remarques. *Paris, Librairie Tross*, 1869, in-8° mar. orange, milieu à mosaïque de mar. vert, dent. intér., doublé de tabis, tr. dor.

Tiré à petit nombre sur papier de Chine.

876. **Soulary** (Joséphin). Œuvres poétiques, 1847-1871. *Paris, Lemerre*, 1872, 2 vol, in-18, mar. rouge, milieu doré, coins, dent. intér., tr. dor.

877. **Soulary** (Joséphin). Les Diables bleus, nouvelles poésies. *Paris, Lemerre*, 1870, in-8, demi-rel. mar. bleu, non rogné.

Tiré à 115 exemplaires.

878. **Souvenirs** (Les) et les regrets du vieil amateur dramatique, ou lettres d'un oncle à son neveu sur l'ancien Théâtre Français (par A.-V. Arnault). Ouvrage orné de gravures coloriées, représentant en pied, d'après les miniatures originales, faites d'après nature, de Foëch de Basle et de Whirsker, ces différents acteurs dans les rôles où ils ont excellé. *Paris, A. Leclère*, 1861, in-8, demi-rel., mar. rouge, dos et coins, tête dor., non rogné. (*Allô.*)

879. **Souvenirs** numismatiques de la Révolution de 1848. Recueil complet des médailles, monnaies et jetons qui ont paru en France depuis le 22 février jusqu'au 20 décembre 1848 (par de Saulcy). *Paris, J. Rousseau, s. d.* (1850), in-4, fig., demi-rel. mar. rouge, non rogné.

880. **Souza** (Mme de). Œuvres. Nouvelle édition précédée d'une notice sur l'auteur et ses ouvrages, par Sainte-Beuve. *Paris, Charpentier,* 1845, in-12, demi-rel. mar. bleu, tête dor., non rogné.

881. **Spécimen** des nouveaux caractères de la fonderie et de l'imprimerie de P. Didot l'aîné. *Paris, P. Didot l'aîné et J. Didot,* 1819, gr. in-8, cart., non rogné.

882. **Spencer Northcote** (J.) et **Brownlow** (W.-R.). Rome souterraine. Résumé des découvertes de M. de Rossi dans les Catacombes romaines, et en particulier dans le cimetière de Calliste, trad. de l'anglais avec des additions et des notes, par P. Allard. *Paris, Didier,* 1874, gr. in-8, fig. noires et coloriées, demi-rel. mar. brun, dos et coins, tête dor., non rogné.

883. **Stern** (Daniel). Esquisses morales. Pensées, réflexions et maximes. *Paris, Techener,* 1856, in-12, demi-rel. mar. ch. rouge, tête dor., non rogné.

884. **Sterne.** Voyage sentimental. Traduction nouvelle, précédée d'un Essai sur la vie et les ouvrages de Sterne, par J. Janin. Édition illustrée par Tony Johannot et Jacque. *Paris, Ernest Bourdin, s. d.* (1841), gr. in-8, demi-rel. mar. ch. violet, tr. jasp.

885. **Steudel** (Th.). Nomenclator Botanicus seu synonymia Plantarum universalis. *Tubingae Typis G. Cottae,* 1840, 2 vol. gr. in-8, demi-rel. mar. ch. noir, tr. jasp.

886. **Subtilités** (Les) de la librairie parisienne. La Bande noire et la Révision (par Roustan). *Versailles, Roustan,* 1864-1865, in-8, demi-rel. v. fauve, non rogné.

887. **Süe** (Eugène). Les Mystères de Paris. Nouvelle édition, revue par l'auteur. *Paris, Ch. Gosselin,* 1843-1844, 4 vol. gr. in-8, demi-rel. mar. violet, dos et coins, non rognés.

Première édition illustrée, avec les couvertures.

888. **Süe** (Eugène). Le Juif errant. Édition illustrée par Gavarni. *Paris, Paulin,* 1845, 4 vol. gr. in-8, demi-rel. mar. ch. vert, tr. jasp.

889. **Sully-Prudhomme**. Poésies, 1865-1872. *Paris, Lemerre,* 1872, 2 vol. in-12, mar. vert, milieu doré, coins, dent. intér., tr. dor. (*Cuzin.*)

890. **Sully-Prudhomme**. La Justice, poème. *Paris, Lemerre,* 1878, in-12, demi-rel. mar. brun, tête dor., non rogné.

891. **Swift.** Les Quatre voyages du capitaine Gulliver, traduction de l'abbé Desfontaines, revue, complétée et précédée d'une notice par H. Reynald. Gravures à l'eau-forte par Lalauze. *Paris, Librairie des Bibliophiles*, 1875, 2 vol. in-12, demi-rel. mar. citron, dos et coins, tête dor, non rognés. (*Allô.*)

892. **Tabarin.** Œuvres avec les Adventures du capitaine Rodomont, etc. Préface et notes par Georges d'Harmonville. *Paris, Delahays*, 1858, in-12, demi-rel. mar. vert, tr. jasp.

893. **Tableau** des mœurs françaises aux temps de la chevalerie, tiré du roman de sire Raoul et de la belle Ermeline, mis en français moderne et accompagné de notes, par L. C. P. D. V. (le comte P.-L. Rigaud de Vaudreuil). *Paris Egron*, 1825, 4 vol. in-8, v. fauve, dent., dos ornés, tr. dor.

894. **Tahureau** (Jacques), gentilhomme du Mans. Les Dialogues, avec notice et index, par F. Conscience. *Paris, A. Lemerre*, 1870, pet. in-12, demi-rel. mar. vert, dos et coins, tête dor., non rogné.

895. **Tahureau** (Jacques). Poésies, publiées par Prosper Blanchemain. *Paris, Librairie des Bibliophiles*, 1870, 2 vol. pet. in-12, demi-rel. mar. violet, tête dor., non rognés.

896. **Taine.** Voyage aux Pyrénées. Troisième édition illustrée par Gustave Doré. *Paris, Hachette*, 1860, in-8, cart., non rogné.

897. **Tallemant des Réaux.** Les Historiettes. Mémoires pour servir à l'histoire du XVIIe siècle, publiées, sur le manuscrit autographe de l'auteur, par Monmerqué. *Paris, Garnier frères*, 1861, 10 tomes en 5 vol. in-12, portr., demi-rel. v. fauve, tr. marb.

898. **Talma.** Réflexions sur Lekain et l'art théâtral. *Paris, Aug. Fontaine*, 1856, in-18, demi-rel. mar. rouge, tête dor., non rogné.

899. **Tamisier.** Le Bastidou des Douze ou la Société de Sans-façon. *Marseille, Laveirarié*, 1878, in-8, demi-rel. mar. orange, dos et coins, tête dor., non rogné.

900. **Tennyson** (Alfred). Poems. With illustrations by Millais, Stanfield, Creswick, Mulready, Horsley, etc. New edition. *London and New-York, George Routledge and sons, s. d.*, portr. et fig., mar. bleu, dos orné, ornements sur les plats, tr. dor.

901. **Tentures** artistiques. Première Exposition 1881. Palais de l'École des Beaux-Arts (salle Melpomène). Catalogue illustré. *Paris, Ateliers de reproductions artistiques*, 1881, gr. in-8, fig., cart., non rogné.

902. **Terentius** (Publius) Afer. *Londini, G. Pickering*, 1822, in-64, portr. gravé, mar. rouge, dent. int., tr. dor. (*Capé.*)

903. **Testament** littéraire de messire Pierre-François Guyot, abbé Des Fontaines, trouvé après sa mort parmi ses papiers. *La Haye*, 1746, in-18, vél. bl.

904. **Théâtre chinois**, ou Choix de pièces de théâtre composées sous les empereurs Mongols, trad. pour la première fois sur le texte original, précédées d'une introduction et accompagnées de notes par Bazin aîné. *Paris, B. Duprat*, 1838, in-8, demi-rel. v. fauve, non rogné.

905. **Théâtre** de M. de La Tnuillerie, comédien de la troupe Royale. *Amsterdam, P. Marteau*, 1745, in-12, v. marb.

906. **Théâtre** de M. Piis et de M. Barré. *Londres (Cazin)*, 1785, 2 vol. in-18, v. éc., fil., tr. dor.

907. **Théâtre Français** (Le), avant la Renaissance, 1450-1550. Mystères, moralités et farces. Précédé d'une Introduction et accompagné de Notes par Édouard Fournier. *Paris, Laplace, Sanchez et Cie*, s. d., gr. in-8, portr. en couleur, demi-rel. mar. ch. rouge, dos et coins, tête dor., non rogné.

908. **Théâtre Français** (Le) au XVIe et au XVIIe siècle, ou Choix des Comédies les plus curieuses antérieures à Molière, avec notes, par Edouard Fournier. *Paris, Laplace, Sanchez et Cie*, s. d., gr. in-8, portr. en couleur, demi-rel. mar. ch. vert, dos et coins, tête dor., non rogné.

909. **Théâtre lyonnais** de Guignol, publié pour la première fois, avec une Introduction et des Notes. *Lyon, Scheuring*, 1865, gr. in-8, pap. de Hollande, front. gravé, demi-rel. mar. citron, dos et coins, tête dor., non rogné. (*Allô.*)

910. **Théâtres** (Les) de Paris. Notices et Portraits. Texte par une Société de gens de lettres. *Paris, Biendine*, s. d., gr. in-8, portraits d'artistes dramatiques, demi-rel. mar. rouge, tête dor., non rogné.

911. **Theil.** Dictionnaire de Biographie, Mythologie, Géographie anciennes, trad. en grande partie de l'anglais du Dr Smith et accompagné de 1000 gravures d'après l'antique. *Paris, Firmin-Didot*, 1865, pet. in-8, demi-rel. v. fauve, tr. marb.

912. **Thénot** (J.-P.). Traité de perspective pratique pour dessiner d'après nature. *Paris, Dunod*, 1872, gr. in-8, pl., cart., non rogné.

913. **Thiers** (J.-B.). Histoire des Perruques où l'on fait voir leur origine, leur usage, leur forme, l'abus et l'irrégularité de celles des ecclésiastiques. *Avignon, L. Chambeau*, 1777, in-12, bas. marb.

914. **Tigre** (Le) de 1560, reproduit pour la première fois en fac-simile d'après l'unique exemplaire connu et publié, avec des notes par Ch. Read. *Paris, Jouaust*, 1875, in-12, demi-rel. mar. vert, dos et coins, tête dor., non rogné.

915. **Tillier** (Claude). Mon oncle Benjamin. Nouvelle édition, illustrée d'un portrait-frontispice et de 42 dessins de Sahib. *Paris, L. Conquet*, 1881, 2 vol. in-8, brochés.

L'un des 50 exemplaires tirés sur grand papier du Japon blanc.

916. **Timon-David**. Les Archives paroissiales de Marseille aux XVIe et XVIIe siècles. Recherches dans les anciens registres de l'état civil. *Marseille, M. Olive*, 1875, in-8, demi-rel. mar. brun, tête dor., non rogné.

917. **Tiron** (Alix). Études sur la musique grecque, le plain-chant et la tonalité moderne. *Paris, Fontaine*, 1866, gr. in-8, demi-rel. mar. rouge, dos et coins, tête dor., non rogné.

918. **Tombeau** (Le) de Théophile Gautier. *Paris, Lemerre*, 1873, in-4, pap. vergé, portr., demi-rel. mar. brun, dos et coins, tête dor., non rogné. (*Hardy*.)

919. **Tour du Monde** (Le). Nouveau Journal des Voyages, publié sous la direction de M. Édouard Charton, et illustré par nos plus célèbres artistes. *Paris, Hachette*, 1860-1881, 42 vol. in-4, demi-rel. mar ch. rouge, tr. jasp.

L'année 1881 est brochée.

920. **Trabaud** (Pierre). Esthétique et Archéologie. *Paris, H. Loones* 1878, 2 vol. gr. in-8, demi-rel. mar. rouge, dos et coins, tête dor. non rognés. (*David*.)

921. **Tressan** (Comte de). Œuvres, précédées d'une notice sur sa vie et ses ouvrages, par Campenon. Édition revue, corrigée et ornée de gravures d'après les dessins de M. Colin. *Paris, Nepveu*, 1823, 10 vol. in-8, demi-rel. mar. ch. vert, tête dor., non rognés.

922. **Tressan.** Figures (20) de Marillier, pour les Œuvres, grav. par de Ghendt, Patas, V. Langlois, Mme Demonchy, de Launay, etc. In-8, cart., non rogné.

923. **Trois ans à Paris** ou l'éducation à la mode. Comédie-vaudeville en un acte (par E. Rey de Foresta et E. Guinot). *Marseille, Anfonce et Cie*, 1829, in-18, demi-rel. mar. rouge, dos et coins, tête dor., non rogné.

924. **Turpin.** La France illustre ou le Plutarque français, contenant les éloges historiques des Généraux et grands Capitaines, des Ministres d'État, et des principaux Magistrats de la nation française, enrichi de leurs portraits. *Paris, Fr. Dufart*, 1780, 4 vol. in-4, v. marb., fil.

925. **Uzanne** (Octave). L'Éventail. Illustrations de Paul Avril. *Paris, Quantin*, 1882, in-8, fig., br.

Exemplaire avec la couverture en couleurs et renfermé dans un carton recouvert de satin bleu.

926. **Vadé.** Choix de pièces de théâtre. *Londres et Paris, Cazin*, 1786, 2 vol. in-18, portr. gr., v. éc., fil., tr. dor.

927. **Vadé**. La Pipe cassée, poème epitragi-poissardi-heroï-comique. *Paris, Leclère*, 1866, in-8, vignettes mar. orange, fil., dos orné, tr. dor.

928. **Vaillant** (Joan.). Numismata imperatorum romanorum praestantiora, a Julio Caesare ad Postumum et Tyrannos. *Parisiis, Th. Moette*, 1682, 2 tomes en 1 vol. in-4, fig., v. ant.

929. **Vaillant** (Joan). Arsacidarum imperium, sive regum parthorum Historia, ad finem numismatum accommodata. *Parisiis, C. Moette*, 1725, 2 vol. in-4, fig., v. brun.

Piqûres de vers au tome II.

930. **Vaillant** (Joan.). Numismata imperatorum romanorum praestantiora a Julio Caesare ad Postumum usque ad Constantinum magnum perducta studio Jo.-Fr. Baldini). *Romae, sumptibus Caroli Barbielini et Venantii Monaldini*, 1743, 3 vol. gr. in-4, fig., v. fauve, dos ornés.

931. **Valise** (La) de Molière, comédie en un acte en prose, avec des fragments peu connus, attribués à Molière, précédée d'une introduction historique et suivie de notes d'après des documents nouveaux ou inédits, par Ed. Fournier. *Paris, E. Dentu*, 1868, in-12, demi-rel. mar. bleu, dos et coins, tête dor., non rogné.

932. **Vasselier**. Poésies. *A Paris, chez Louis*, 1800, in-18, mar. bleu, fil., dos orné, dent. intér., tr. dor. (*Allô.*)

933. **Vauvenargues**. Œuvres et œuvres posthumes inédites avec notes et commentaires, par D.-L. Gilbert. *Paris, Furne*, 1857, 2 vol. in-8, mar. vert, fil., tr. dor.

Exemplaire papier de Hollande.

934. **Vecellio** (Cesare). Costumes anciens et modernes. *Paris, Firmin-Didot*, 1859, 2 vol. in-8, fig., demi-rel. mar. rouge, dos et coins, tête dor., non rognés.

Manque l'essai sur la gravure sur bois.

935. **Vergier**. Œuvres. Nouvelle édition. *Lausanne*, 1750, 2 vol. in-12, front. gr., v. fauve, tr. jasp.

936. **Verien** (Nicolas). Livre curieux et utile pour les Sçavants et Artistes, composé de trois alphabets, de chiffres simples, doubles et triples, fleuronnez et au premier trait. Accompagné d'un très grand nombre de devises, emblèmes, médailles et autres figures hieroglyfiques. Ensemble de plusieurs supports et cimiers pour les ornements des armes. *Paris, Jean Jombert*, 1685, in-8, fig., portr. gravé par Edelinck, mar. brun, dent. int., tr. dor.

937. **Vérité** (La) des miracles opérés à l'intercession de M. de Pâris et autres appellans, démontrée contre M. l'archevêque de Sens (par Carré de Mongeron). *S. l.*, 1737-1741, 2 vol. in-4, fig., v. brun.

938. **Verlaine** (Paul). Fêtes galantes. *Paris, Lemerre*, 1869, in-12, demi-rel. mar. rouge, dos et coins, tête dor., non rogné.

939. **Vernes** fils. Le Voyageur sentimental, ou ma promenade à Yverdun. *Londres* (*Cazin*), 1786, in-18, front. d'après Le Barbier, v. éc., fil., tr. dor.

940. **Veuillot** (Louis). Le Droit du seigneur au moyen âge. *Paris, L. Vivès*, 1854, in-12, demi-rel. mar. ch. bleu, non rogné.

941. **Veuillot**. Jésus-Christ, avec une étude sur l'Art chrétien, par E. Cartier. *Paris, Didot frères*, gr. in-8, 180 gravures et 16 chromolithographies, demi-rel. mar. ch. rouge, dos et coins, tête dor., non rogné.

942. **Viardot** (Louis). Les Musées d'Italie, d'Espagne, de France, d'Angleterre, et d'Allemagne. *Paris, Hachette*, 1859-60, 5 vol. in-12, demi-rel. mar. rouge, tête dor., non rognés.

943. **Vie de Benvenuto Cellini**, écrite par lui-même. Traduction Léop. Leclanché, illustrée de neuf eaux-fortes par F. Laguillermie. *Paris, A. Quantin*, 1881, in-8, broché.

Exemplaire tiré sur papier Whatman. Eaux-fortes en double état.

944. **Vie** (La) de Gaspard de Coligny (par Sandras de Courtilz). *Cologne, P. Marteau*, 1686, in-12, v. br.

945. **Vie de Thomas Platter**, écrite par lui-même. *Genève, Guill. Fick*, 1862, in-8, fig., mar. bleu, fil., dos orné, tr. dor. (*Raparlier*.)

946. **Vie** (La) et aventures d'Euphormion, écrites sur de nouveaux mémoires (par Drouet de Maupertuy). *Amsterdam, Fr. L., Honoré*, 1733, 3 tomes en 1 vol. in-18, front. gr., v. marb.

947. **Vie des Saints** (La), illustrée, en chromolithographie d'après les anciens manuscrits de tous les siècles, publiée par F. Kellerhoven. Texte par Henry de Riancey, *Paris, Bachelin-Deflorenne*, s. d., in-4, mar. rouge, jans. doublé de moire, dent. int., tr. dor. (*Belz-Niédrée*.)

948. **Vigée**. Théâtre. Les Aveux difficiles. — La fausse Coquette. — La belle-mère ou les dangers d'un second mariage. — L'Entrevue. — La matinée d'une Jolie femme. *Paris, Prault*, 1784-1793, 5 pièces en 1 vol. in-8, demi-rel. v. fauve.

949. **Vigée-Le Brun** (Mme). Souvenirs. *Paris, Charpentier*, 1869, 2 vol. in-12, demi-rel. v. violet, tr. jasp.

950. **Ville-Hardoin** (Geoffroi de). La Conquête de Constantinople, avec la continuation de Henri de Valenciennes. Texte original, accompagné d'une traduction par Natalis de Wailly. *Paris, Firmin-Didot*, 1872, gr. in-8, demi-rel. mar. vert, dos et coins, tête dor., non rogné.

951. **Villon** (François). Œuvres complètes. Nouvelle édition, revue, corrigée et mise en ordre. Avec des notes historiques et littéraires, par P.-L. Jacob. *Paris, Jannet*, 1854, in-16, v. fauve, fil., tr. dor.

952. **Viollet-Le Duc.** Dictionnaire raisonné du Mobilier français, de l'époque carlovingienne à la Renaissance. *Paris, Bance et Morel*, 1858-1875, 6 vol. gr. in-8, fig. noires et coloriées, demi-rel. mar. rouge, dos et coins, tête dor., non rognés.

953. **Viollet-Le Duc.** Dictionnaire raisonné de l'Architecture française du XIe au XVIe siècle. *Paris, A. Morel*, 1867-1868, 10 vol. gr. in-8, fig., demi-rel. mar. brun, dos et coins, tête dor., non rognés.

954. **Virgilii** (Pub.). Maronis carmina omnia perpetuo commentario ad modum Jo. Bond explicuit Fr. Dubner. *Parisiis, Didot*, 1858, in-12, fig., mar. rouge, fil., tr. dor.

955. **Virgile.** Les Géorgiques, avec la traduction en vers françois, par Delille. *Genève (Cazin)*, 1777, in-18, portr. gravé, v. éc., fil., tr. dor.

956. **Voltaire.** Théâtre. Augmenté de plusieurs pièces qui ne se trouvent pas dans les éditions précédentes. *Londres Cazin*, 1782, 8 vol. in-18, portr. gravé, v. éc., fil., tr. dor.

957. **Voltaire** (A. de). Romans. — Zadig. — Candide. — L'Ingénu. — La Princesse de Babylone. — Lettres d'Amabed. Préface par Arsène Houssaye. Eaux-fortes par Laguillermie. *Paris, Librairie des Bibliophiles*, 1878, 5 vol. in-12, demi-rel. mar. citron, dos et coins, tête dor., non rognés. (*David.*)

958. **Voyage** dans un grenier. Bouquins, Faïences, Autographes et Bibelots (par Ch. Cousin). *Paris, D. Morgand et Fatout*, 1878, in-4, pap. vergé de Hollande, fig. noires et coloriées, demi-rel. mar. vert, dos et coins, tête dor., non rogné. (*David.*)

959. **Voyage** de Lister à Paris en 1698, traduit pour la première fois, publié et annoté par la Société des bibliophiles françois. *Paris, pour la Société des Bibliophiles*, 1873, in-8, demi-rel. mar. rouge, dos et coins, tête dor., non rogné.

960. **Voyage** en l'autre monde, ou nouvelles littéraires de celui-cy (par l'abbé de La Porte). *Paris*, 1753, in-12, front. gr., demi-rel. v. fauve.

961. **Walckenaer.** Histoire de la vie et des ouvrages de J. de La Fontaine. *Paris, Nepveu*, 1821, 2 vol. in-18, portr. et fig., demi-rel. v. fauve, tr. marbr.

962. **Watelet.** L'art de peindre. Poème avec des réflexions sur les différentes parties de la peinture. *Paris, H. L. Guérin*, 1760, in-12, front. gr., portr. et fig., mar. rouge, fil., dos orné, dent. intér., tr. dor.

963. **Wey** (Francis). Rome. Description et Souvenirs. Ouvrage contenant 358 gravures sur bois dessinées par nos plus célèbres artistes et un plan. Troisième édition, revue et augmentée d'un Voyage à Rome en 1874, et suivie d'un Index général. *Paris, Hachette et Cie*, 1875, gr. in-4, demi-rel. mar. ch. rouge, tr. dor.

964. **Willems** (Alphonse). Les Elzevier. Histoire et Annales typographiques. *Bruxelles, Van Trigt*, 1880, gr. in-8, fig., cart., non rogné.

965. **Wright** (Thomas). Histoire de la Caricature et du Grotesque dans la littérature et dans l'art. Traduite par Octave Sachot. *Paris, au Bureau de la Revue britannique*, 1867, gr. in-8, cart., non rogné.

966. **Young**. Les Nuits, traduites de l'anglais par Letourneur, mises en français. *Paris, de l'imprimerie de P. Didot l'aîné*, 1792, 4 vol. in-12, pap. vélin, v. fauve, fil., tr. dor. (*Simier*.)

OUVRAGES SUR LA PROVENCE

ET LA POÉSIE PROVENÇALE

967. **Almanach** historique de Marseille, contenant les éphémérides, l'état raisonné de l'église, du gouvernement civil et militaire, de la marine, etc., pour l'année 1784. *Marseille, Jean Mossy*, 1784, in-18, bas. marb.

968. **Azaïs** (Gabriel). Las Vesprados de Clairac, amb'un avans-prepaus de J. Roumanille. *Avignoun, J. Roumanille*, 1874, in-12, demi-rel. mar. rouge, dos et coins, tête dor., non rogné.

969. **Barthélemy**. Marseille. Petite revue d'une grande ville. *Marseille, chez tous les libraires, s. d.*, gr. in-8, demi-rel. v. brun.

970. **Bellot** (Pierre). Obros coumpletos coumpousados de pouesios prouvençalos. *Marseille, Feissat*, 1841, 4 vol. in-18, mar. vert, tr. jasp.

971. **Bénédit** (G.). Chichois. Poèmes, contes et épîtres en vers provençaux mêlés de vers français. *Marseille, Barlatier-Feissat*, 1853, in-12, portr., mar. bleu, dos et coins, tête dor., non rogné.

972. **Bénédit** (G.) Chichois. Contes. Épîtres. Pièces inédites. *Marseille, imprimé pour la Société des Amis des Arts, par Barlatier-Feissat*, 1876, 2 vol. gr. in-8, portr. demi-rel. mar. citron, dos et coins, tête dor., non rognés.

973. **Bérenger**. Les Soirées provençales. *Paris, Nyon*, 1876, 3 vol. in-18, fig., mar. rouge, fil.

974. **Bertin** (Horace). Le Cochon de Mme Chasteuil. — Pierrot. — L'Abbé Chabert, etc. *Paris, Jouaust*, 1873, in-12, demi-rel. mar. bleu, dos et coins, tête dor., non rogné.

975. **Bertin** (Horace). Le Furoncle. Avec une eau-forte de Chauvet. *Marseille, Laveirarié*, 1877, in-12, pap. de Hollande, demi-rel. mar. orange, dos et coins, tête dor., non rogné. (*David*.)

976. **Bertin** (Horace). Les Heures marseillaises. *Marseille, Laveirarié*, 1878, in-12, portr., demi-rel. mar. orange, dos et coins, tête dor., non rogné.

Exemplaire tiré sur papier de Hollande.

977. **Blancard** (Louis). Iconographie des sceaux et bulles conservés dans la partie antérieure à 1790 des Archives départementales des Bouches-du-Rhône. *Marseille, Camoin*, 1860, 2 vol. in-4, pl., brochés.

978. **Chailan** (Fortuné). Lou Gangui. Contes, anecdotos et facetios en vers prouvençaoux. *Marseille*, 1853, gr. in-8, demi-rel. mar. brun, tr. jasp.

979. **Chailan** (Fourtunat). Lou Gangui. Contes, anecdotos et facétios en vers prouvençaoux. *Marsiho, Librarie nouvello*, 1882, in-4, portrait en double état, texte encadré de bordures en couleurs, broché.

980. **Desanat fils**. Lou Troubadour nationaou vo lou chantré Tarascounen. Recueil dé pouésiou en vers prouvençaou. *Marseille, Feissat*, 1831, 2 vol. in-12, demi-rel. mar. ch. violet, tr. jasp.

981. **Diouloufet**. Fablos, Contes, Épîtros et autros pouésios prouvençalos. *A-Z-A-I. Enco de H. Gaudibert*, 1829, in-8, demi-rel. bas. fauve, tr. marb.

982. **Explication** des Cérémonies de la Fête-Dieu d'Aix-en-Provence, ornée de figures et avec les airs notés consacrés à cette fête, par Gasp. Grégoire. *Aix, Esprit David*, 1777, in-12, demi-rel. v. brun, tête dor., non rogné.

983. **Fabre** (Augustin). Notice historique sur les anciennes rues de Marseille, démolies en 1862 pour la création de la rue Impériale. *Marseille, J. Barile*, 1862, in-8, demi-rel. mar. rouge, dos et coins, tête dor., non rogné.

984. **Fabre** (Augustin). Les Rues de Marseille. *Marseille, Camoin*, 1867-69, 5 vol. in-8, demi-rel. mar. rouge, dos et coins, tête dor., non rognés.

985. **Facéties provençales** ou Recueil de diverses pièces bouffonnes, originales et inédites, en idiome provençal, etc., dédié aux amateurs de la grosse gaité. *Marseille, Chardon*, 1815, in-12, demi-rel. mar. rouge, non rogné.

986. **Feraoud**. Lou Rabayaire dei Martegalado recuei de conte, naïveta, bestiso, etc., *Marsio*, 1868, in-12, demi-rel. mar. rouge, dos et coins, tête dor., non rogné.

987. **Germain** (de Marsillo). La Bourrido dei Dieoux, pouèmo. *Marsillo*, 1760, in-8, demi-rel. mar. vert, dos et coins, tr. do

988. **Granier.** Un Loupin vo quouqueis liames de Pantaïs. Anecdotos, Contes, Odos, satiros, etc., en vers provençaux, mêlés de français, précédé d'un coup d'œil général sur l'histoire de la Poésie provençale. *Marseille, Arnaud*, 1855, in-12, demi-rel. mar. citron, dos et coins, tête dor., non rogné.

989. **Gros** (F.-T.) de Marsillo. Recuil de pouesiés prouvençalos. Nouvello edicieu courrigeado et augmentado per l'autour, etc., *Marseille, Sibié*, 1763, in-8, bas. marb.

990. **Jasmin** (Jacques). Las Papillotos, avec le français en regard. *Paris, Didot*, 1860, in-12, portr., demi-rel. mar. rouge, dos et coins, tête dor., non rogné.

991. **Lejourdan** (Jules). La plainto de Misé Moutto, suivido de l'interrogatoiro daou Nervi. *Marsilho, Librarie Prouvençalo*, 1850, gr. in-8, demi-rel. mar. rouge.

992. **Lettres** de M.-J.-B.-P.-A. (Pistoye) à un de ses amis, contenant la relation générale des réjouissances faites en 1744, dans la ville d'Aix, à l'occasion de la convalescence de Louis XV, surnommé le Bien-aimé. *Aix, Vve J. David*, 1744, in-12, mar. rouge, fil., dos orné, tr. dor.

993. **Lou Bouquet** prouvençaou, vo leis Troubadours revioudas. *Marsillo, Achard*, 1823, in-12, mar. violet, tr. jasp.

994. **Lou Libre** de la Crous de Prouvenço (par Émery). *En Avignoun, J. Roumanille*, 1874, in-8, demi-rel. mar. rouge, tête dor., non rogné.

995. **Lou Rabaïaire** de peços prouvençalos, choousidos tallos que conte, cansouns, cansounettos et romanços, per un escaboué de gais rimaires. *Marseille, Féraud*, 1859, in-18, demi-rel. mar. rouge, tête dor., non rogné.

996. **Marius Trussy.** Margarido, poème en vers provençaux. Avec traduction française en regard du texte, précédé d'une Ode à la Provence, d'un prologue et de la Légende des Tombeaux d'Argens, dite de Saint-Michel-sous-Terre; avec préface de Louis Jourdan. *Marseille, Marius Féraud*, 1861, in-12, demi-rel. mar. bleu, tr. jasp.

997. **Mercier.** Montesquieu à Marseille, pièce en trois actes. *Lausanne, J. Heubach*, 1784, in-8, demi-rel. mar. brun, dos et coins, tête dor., non rogné.

998. **Mistral** (Fréd.) Calendau, pouèmo nouvèu, traduction française en regard. *Avignon, J. Roumanille*, 1867, in-8, port. demi-rel. mar. bleu, dos orné, tête dor., non rogné.

999. **Mistral** (Fréd.) Mirèio. Pouèmo prouvençau emé la traducioun literalo en regard. *Paris, Charpentier*, 1868, in-12, demi-rel. mar. brun, tr. jasp.

1000. **Mistral** (Fréd.). Lis Isclo d'or. Recuei de pouesio diverso. Traduction française en regard. *Avignon, J. Roumanille*, 1876, in-8, demi-rel. mar. bleu, dos orné, tête dor., non rogné.

1001. **Parnasse** (Le). Occitanien ou choix de poésies originales des troubadours, tirées des manuscrits nationaux (par de Rochegude). *Toulouse, Benichet-Cadet*, 1819, in-8, demi-rel. mar. vert, non rogné.

1002. **Peise** (F.). Leis Talounados de Barjomau. *Marsilho, Feraud*, 1865, in-18, demi-rel. mar. orange, tête dor., non rogné.

1003. **Peise** (F.). Leis Talounados de Barjomau eme aquelleis de Casςaveou, etc. *Draguignan, Latel*, 1873, in-8, fig. de Letuaire, demi-rel. mar. orange, dos et coins, tête dor., non rogné.

1004. **Pelabon**. Lou Groulié, bel esprit vo suzeto et Tribor. Comédie en deux actes et en vers provençaux, mêlée de chants. *Marseille*, 1830, in-12, bas. marb.

1005. **Poésies** provençales des XVIe et XVIIe siècles, publiées d'après les éditions originales et les manuscrits. *Paris, Techener*, 1843, 2 vol. in-12, pap. de Hollande, demi-rel. mar. rouge, dos et coins, tête dor., non rognés.

Tiré à 100 exemplaires.

1006. **Roumanille**. Lis Oubreto en vers em' un avans-prepaus de M. de Pontmartin. *Avignoun, Roumanille*, 1864, in-12, portr., demi-rel. mar. orange, dos et coins, tête dor., non rogné.

1007. **Roumanille** (J.). Lis Entarro-chin, galejado boulegarello (eme traducioun franceso vis a vis). *Avignoun, J. Roumanille*, 1874, in-8, fig. de Ch. Counibe, demi-rel. mar. vert, dos et coins, tête dor., non rogné.

1008. **Roumavagi** deis Troubaires. Recueil des Poésies lues et envoyées au congrès des poètes provençaux tenu à Aix en 1853, publié par J.-B. Gaut. *Aix, Aubin*, 1854, in-12, demi-rel. mar. noir, non rogné.

1009. **Roumieux** (Louis). Quau vou prendre dos Lèbre à la fes n'en pren ges; comedi prouvençalo en tres ate e en vers (traduction littérale en regard). *Avignoun, J. Roumanille*, 1862, in-12, demi-rel. mar. orange, dos et coins, tête dor., non rogné.

1010. **Troubadour** (Le). Poésies occitaniques du XIIIe siècle, traduites et publiées par Fabre d'Olivet. *Paris, Henrichs*, 1804, 2 parties en 1 vol. in-8, v. marb., tr. jasp.

1011. **Truchet** (d'Arles). Cansouns prouvençales escapades d'oou supount vo lésirs de Mesté Miqueou. *Paris, Moreau*, 1827, in-18, front. gr., broché.

1012. **Zerbin** (Gaspard). La Perlo dey Musos et coumedies prouvensales. Réimprimé sur l'édition de 1655, augmenté d'une préface par M. J.-T. Bory. *Marseille, Camoin*, 1872, in-12, demi-rel. mar. rouge, dos et coins, tête dor., non rogné.

1013. **Roubaud**. Onze charmantes aquarelles caricatures-charges de différents négociants, banquiers et industriels marseillais : In-fol demi-rel. mar. rouge, dos et coins, tr. dor.

Paris. — Typogr. Georges Chamerot, 19, rue des Saints-Pères. — 23686.

www.ingramcontent.com/pod-product-compliance
Ingram Content Group UK Ltd.
Pitfield, Milton Keynes, MK11 3LW, UK
UKHW020341180726
13839UKWH00002B/836

9 782329 609898